「資質・能力」と学びのメカニズム

上智大学教授
奈須正裕
Masahiro Nasu

東洋館出版社

まえがき

二〇一六年一二月二一日、中央教育審議会は第一〇九回総会において「幼稚園、小学校、中学校、高等学校及び特別支援学校の学習指導要領等の改善及び必要な方策等について」(答申)を取りまとめ、同日、松野博一文部科学大臣に手渡します。これを受けて、二〇一七年三月三一日、新しい学習指導要領が官報に告示されました。

我が国では、憲法と教育基本法において教育の基本的性格が、学校教育法において学校段階ごとの目的、目標が定められ、学校教育法施行規則において設けるべき教科や領域と、その授業時数標準が示されています。しかし、これらの法令はその具体的内容にまでは立ち入っていません。そこで、学習指導要領が文部科学大臣によって告示されることになります。

小学校を例に述べると、最初の学習指導要領は終戦から二年後の一九四七(昭和二二)年に公表されました。その後、一九五一(昭和二六)年、一九五八(昭和三三)年、一九六八(昭和四三)年、一九七七(昭和五二)年、一九八九(平成元)年、一九九八(平成一〇)

年、二〇〇八（平成二〇）年と改訂を繰り返し、今回の二〇一七（平成二九）年版は、数えて第九次の学習指導要領ということになります。

学習指導要領は文部科学大臣が告示しますが、もちろん大臣が小学校算数の指導内容を直接考えるわけではありません。大臣は、学習指導要領をどのように改訂すべきかについて、有識者の集まりである中央教育審議会に諮問、つまりお尋ねをするわけです。今回の改訂では、二〇一四年一一月二〇日に、当時の下村博文文部科学大臣により、「初等中等教育における教育課程の基準等の在り方について」諮問がなされました。

諮問を受けた中央教育審議会は、この領域を主に担う初等中等教育分科会教育課程部会を中心に、さらにその中に設置された数多くの部会、ワーキンググループで広範かつ専門的な議論を展開しました。約二年に渡る議論の参加者は延べ四七〇名以上、会議時間は四四〇時間を超えています。それらすべてを集約し、二年後の二〇一六年一二月二一日に前記の答申を取りまとめ、大臣に答申、つまり諮問への返答として意見を具申《ぐしん》したわけです。

今回の改訂作業に関わって、私自身は、教育課程部会、教育課程企画特別部会、総則・評価特別部会、幼児教育部会、中学校部会、生活・総合的な学習の時間ワーキンググループのメンバーでした。さらに、改訂の重要な主題の一つであり、この本のタイトルともなった「資質・能力」について検討すべく二〇一二年一二月に立ち上げられた「育成すべき資質・

能力を踏まえた教育目標・内容と評価の在り方に関する検討会」にも参加しました。

そんなわけで、二〇一二年から四年間に渡って、「資質・能力」を基盤とした教育、いわゆる「コンピテンシー・ベイスの教育」について、時に学術的に、時に行政的に、あれこれと考えを巡らせる機会をふんだんにいただいたことになります。

何ともありがたいことで、やはりここは、この間に見聞きしたことや気付いたことなどを独り占めにせず、できるだけ多くのみなさんにわかりやすくお伝えし、子供たちのために日々がんばっておられる方々のお役に少しでも立ちたいと考えたような次第です。

とりわけ、今回の学習指導要領改訂の背景には、理論的にかなり新しい部分が数多くあります。そのあたりのわかりすく体系的な解説があると、現場は助かるのではないか。これが本書執筆の主な動機であり、理論の解説や研究の紹介が多いのも、そのためです。

なお、学習指導要領自体は法令文書としての制約があり、基盤となる理念や考え方自体は、むしろ答申の方にみえやすい形で表れています。そんなこともあり、本書では主に答申に沿ってお話をしていくことにしました。

本書が、新学習指導要領の正確かつ自律的で創造的な読み解きと、それを基盤とした豊かで自由な実践創造のお役に立つことを祈念しています。

二〇一七年五月　奈須正裕

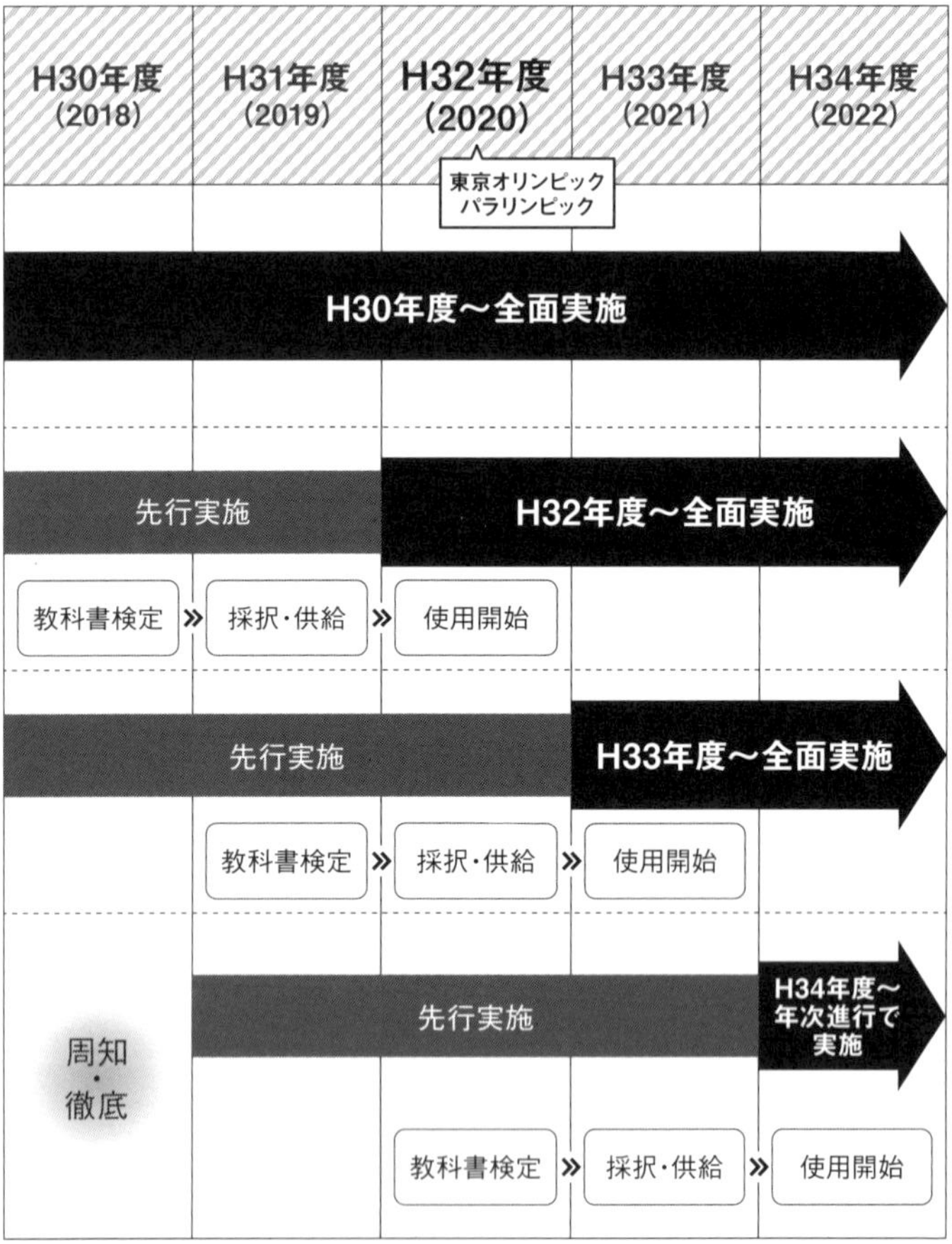

※中央教育審議会教育課程部会（第 98 回）配付資料（資料 3）「今後の学習指導要領改訂スケジュール（現時点の進捗を元にしたイメージ）」（平成 28 年 8 月 26 日）をもとに作成。

学習指導要領改訂のスケジュール

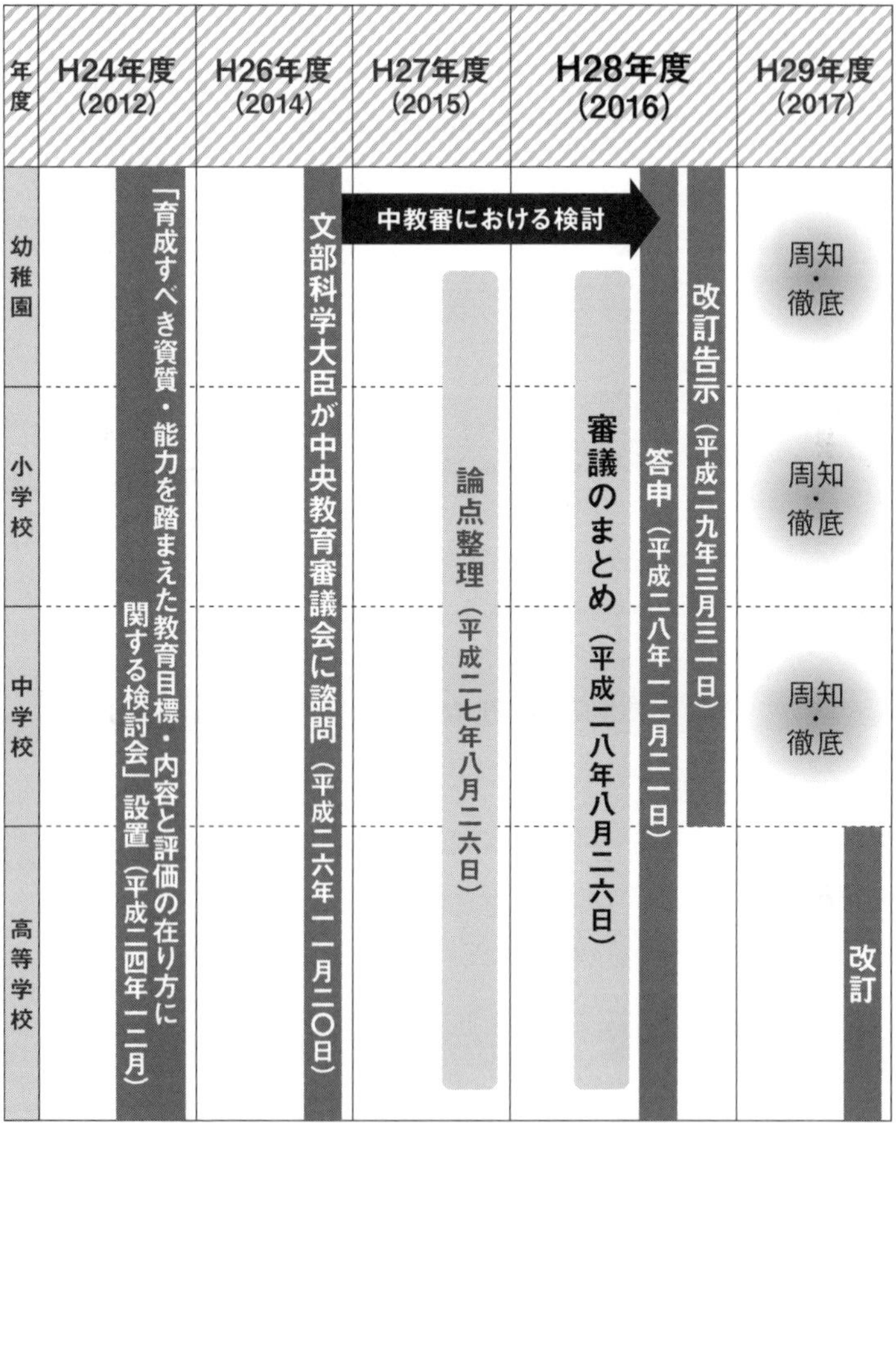
年度
H24年度（2012）
H26年度（2014）
H27年度（2015）
H28年度（2016）
H29年度（2017）
幼稚園
小学校
中学校
高等学校
「育成すべき資質・能力を踏まえた教育目標・内容と評価の在り方に関する検討会」設置（平成二四年一二月）
文部科学大臣が中央教育審議会に諮問（平成二六年一一月二〇日）
中教審における検討
論点整理（平成二七年八月二六日）
審議のまとめ（平成二八年八月二六日）
答申（平成二八年一二月二一日）
改訂告示（平成二九年三月三一日）
周知・徹底
周知・徹底
周知・徹底
改訂

第1章 子供の視点に立って教育課程を編む

学習指導要領と教師の日常

なぜ一〇か月に渡って教科等別の部会が立ち上げられなかったのか

第2章

資質・能力を基盤とした教育

第3章 知識基盤社会と社会に開かれた教育課程

第4章

各教科等の特質に応じた「見方・考え方」

第5章

主体的・対話的で深い学びの実現

教育改革の始まりへのQ

学習指導要領って、そもそもどれくらい重要なものですか？

日本の学校はこれから、どんな役割を果たせばいいのでしょう？

今改訂にまつわる議論は、どんな感じで進んだのですか？

第1章

子供の視点に立って教育課程を編む

学習指導要領と教師の日常

1　国家が定める教育課程の基準

そもそも、学習指導要領とは何でしょう。

学習指導要領とは国家が定める教育課程の基準、ナショナル・カリキュラム・スタンダードです。各学校はこの基準を指針として教育課程、スクール・カリキュラムを編成します。

ちなみに、行政慣行上その学校の全教科等の全学年の一年間の計画を総合したものを教育課程と呼び、特定の学年や学級、単独の各教科等の計画は指導計画と呼んで区別します。

すべての先生方は、学校において自律的・創造的に編成された教育課程、あるいはその部分計画である各学年や各教科等の指導計画に基づいて日々の授業を展開しているはずです。

「いや、私はもっぱら教科書を頼りに授業をしている」と言うかもしれませんが、教育課程は多かれ少なかれ採択教科書を参考にしているでしょうから、本人の自覚の有無は別にして、教育課程と無関係に日々の授業をしているわけではありません。また、そもそも教科書は学習指導要領に準拠するよう編纂《さん》されています。したがって、いずれにせよ**学習指導要領がどのような方向に改訂されていくかは、教師の日常と深く関わっているのです。**

これらのことを、二〇一六年一二月二一日の中央教育審議会答申「幼稚園、小学校、中学校、高等学校及び特別支援学校の学習指導要領等の改善及び必要な方策等について」(以下、「答申」と略記)では、次のように説明しています。

「学習指導要領等は、教育基本法に定められた教育の目的等の実現を図るため、学校教育法に基づき国が定める教育課程の基準であり、教育の目標や指導すべき内容等を示すものである。各学校においては、学習指導要領等に基づき、その記述のより具体的な意味などについて説明した教科等別の解説も踏まえつつ、地域の実情や子供の姿に即して教育課程が編成され、年間指導計画や授業ごとの学習指導案等が作成され、実施されている」(三頁)。

「このように、各学校が編成する教育課程や、教員の創意工夫に支えられた個々の授業を通じて、あるいは、教科書をはじめとする教材を通じて、学習指導要領等の理念は具体化され、子供たちの学びを支える役割を果たしている」(三頁)。

2 すべての教職員がカリキュラム・マネジメントの担い手

　加えて、実は先生方自身が教育課程編成の主体なのです。いえいえ、それはあなたが校長や教頭、教務主任でなくてもですよ。運動会や遠足の計画と実施には、学級担任や教科担任はもとより養護教諭や事務職員までがそれぞれの専門性や立場性を発揮して深く関わり、またお互いのことを気にかけ合いながら協力していますよね。行事は特別活動であり教育課程の一部ですから、すでに校内のすべての教職員が教育課程編成に関わっているわけです。

　今後は、それを各教科等の授業を含めた教育課程の全面に拡《ひろ》げていきたい。今回「カリキュラム・マネジメント」という言葉で強調しているのは、まさにこのような考え方です。

　それは第一に、すべての教職員一人一人が教育課程の計画（プラン）・実施（ドゥ）・評価（チェック）・改善（アクション）、いわゆるＰＤＣＡサイクルを主体として動かしていく、つまりカリキュラム・マネジメントの担い手であるということです。

　このことは教育課程編成という作業が、単に何をいつ教えるのかという教育内容の計画に留まるものではなく、どのような子供の育ちを目指してそれを教えるのかという目標論なり学力論、その目標の実現に向けてどのように教えるのかという方法論、さらに目標の達成状況を子供の学習経験の中にどのように見取るかという評価論まで含むことを意味します。

また、評価とは子供に点数を付けることではなく、もし不十分な箇所があれば、それは子供の至らなさ以上に教師の至らなさであり、計画や指導の在り方を見直すのに活かすべき貴重な情報だという考え方、いわゆる「指導と評価の一体化」の立場に立つ必要があります。

このように考えれば、**カリキュラム・マネジメントが学級担任にとっても日常の営みであり、何より目の前の子供を丁寧に見つめ、その意味を自身の授業や学級経営の改善に返していくこと**だという、最も大切なことに気付かれるでしょう。

なお、近代的なカリキュラム編成論を確立したといわれるラルフ・タイラー以来、カリキュラム編成は目標、内容の組織、教授と学習の方法、評価の四要素を持つと考えるのが一般的です。その意味で、カリキュラム・マネジメントの推進は特段目新しいものではなく、むしろカリキュラム概念の原点に立ち返っての提唱と言えるでしょう。

3　教科等横断的な視点

さらに、第二として今後非常に重要になってくるのが、教育課程編成に当たって各教科等を横断する視点を持つことです。答申では「各教科等の教育内容を相互の関係で捉え、学校教育目標を踏まえた教科等横断的な視点で、その目標の達成に必要な教育の内容を組織的に配列していくこと」（二三、二四頁）と表現しています。

学校教育目標を具体化したものとして、多くの学校が知育・徳育・体育の三側面に対応した三つの「目指す児童像」「目指す生徒像」を掲げています。知育の項目を見ると、たとえば「自ら進んで学び、基礎・基本を身に付ける子」としている小学校がありました。この児童像であれば、各教科等別に学習指導要領に記された内容を順々に指導していくので十分かもしれません。

一方、「予想を立て、筋道を通して考え、確かめる子」を掲げる小学校もありました。この目標を実現するには、まずもって日々の授業の中に、子供が予想を立て、筋道を通して考え、それが正しいかどうかを確かめるような展開を一定程度取り入れる必要があるでしょう。しかし、それを単に教科等別に積み上げていくだけでは、この児童像の実現には至りません。なぜなら、同じ予想を立て、筋道を通して考え、それが正しいかどうかを確かめるといっても、具体的に何をどうするのかは、各教科等によって少なからず違ってくるからです。この事実に子供が気付くこと、そしてなぜ理科ではそうするのに、社会科では別なやり方をするのかといった問いを発することが大切です。

この問いを深める中で、子供は各教科等による予想の立て方なり確かめ方の違いが、今回の答申でいう「各教科等の特質に応じた『見方・考え方』」の反映であることに気付くでしょう。そして、この各教科等ならではの「見方・考え方」との関連をしっかりと踏まえながら、多様な方法を身に付けていくことが望まれます。

その一方で、多様であるとはいえ、予測を立てる、筋道を通して考えるといった思考には、当然のことながら各教科等の特質を超えた共通性があります。つまり、**その教科等ならではの独自性と、それを超えた共通性という二つの方向から予想を立てる、筋道を通して考えるといった思考を立体的に把握し、さらに問題状況に応じて適切なものを選択し、現に実行できるようになること**が、掲げられた「目指す児童像」の真の到達点なのです。

実際、この水準まで学びを深め拡げた子供は、人生の中で出合う様々な困難や未知の問題場面に対して、明晰な自覚を持って適切な方法を選択して実行し、効果的な問題解決を現に成し遂げていくでしょう。そしてそれは、子供たちの将来における社会的な成功、人間的な成長、よりよい社会の創造への貢献を力強く支えるに違いありません。

もし、このようなことを今後の学校教育に望むとしたならば、そこでは、従来型の教科等別に進める学びに加えて、各教科等の学びを相互に比較したり関連付けたりする学び、つまり教科等横断的な視点での学びが求められることになるのです。

4　学校教育が果たすべき役割の水準から議論する

「なるほど、もしそんなことができたなら、それは確かにいいことではあるけれど、しかし、学校でそこまでやる必要があるんでしょうか。学校では、まずは各教科の基礎・基本、漢字とか計算とか都道府県名などの知識・技能をしっかり定着させることが大切じゃないですか。そう考えると、先に挙げられた二つの『目指す児童像』についても、『自ら進んで学び、基礎・基本を身に付ける子』の方がいいような気がします。実際のところ、『予想を立て、筋道を通して考え、確かめる子』なんて児童像では、具体的に何を教えればいいのか、どんな授業をすればいいのか、もう一つイメージがわいてこないんですが」。

こんな疑問を抱かれた方がいるかもしれません。では、改めて考えてみましょう。学校は子供にどのような力を育むべきなのでしょうか。

これは、学校教育が果たすべき役割に関わる問いであり、学力論に関する問いでもあります。**「そんな根っこのところから議論しなくても」と思われたかもしれませんが、実は今回の学習指導要領改訂では、まさにこの水準から議論を開始したのです。**そして、これこそが今回の学習指導要領改訂の最大の特徴だと、私は思うのです。

なぜ一〇か月に渡って教科等別の部会が立ち上げられなかったのか

1 教科等別の議論の結果を綴じ合わせたものが教育課程になっていた可能性

従来の学習指導要領改訂では、当初の段階から教科等別の部会が立ち上げられ、教科等ごとに現状の分析を行い、課題を整理し、改善点を見出していくという流れで作業が進められてきました。もちろん、並行して教育課程全体を見渡しての作業も、主にそういった役割を担うとされてきた「総則」の部会で行われてはいました。しかし、その間にも教科等ごとに作業はどんどん進んでいきますから、総則部会で提起された教育課程全体に関わる論点をしっかりと各教科等の議論に反映することは、決して容易ではなかったでしょう。

このような手順を採ってきた当然の帰結として、教科等ごとに独自に進められた改訂作業の結論を綴じ合わせたものが教育課程とほぼイコールになってしまうといったことも、あるいは少なからずあったかもしれません。

しかし、それでは論理が逆転してしまいます。**まず、学校教育が果たすべき役割は何か、このことが問われなければいけません。**もちろん、そこでは学校が存立している社会の現況と将来の予測なども含めて議論する必要があるでしょう。

そして、次にはそのために子供たちにどのような力の育成を目指すべきなのか、つまり、目標論なり学力論が検討されるべきでしょう。

これらの議論が一定の決着をみてはじめて、では、そのような状態を実現するには何を教える必要があるのか、またどのような教え方が効果的なのか、つまり教育内容論や教育方法論について考えることが可能となるのです。

この「何を教えるのか」、子供の側から見れば「何を学ぶのか」に当たる教育内容論が、従来の改訂作業における各教科等の部会の中心的な議題でした。どうもこれまでの改訂では、教科等別に進められる教育内容に関する議論が、ほぼイコール教育課程に関する議論となっていた可能性があるのです。そこでは、教育課程全体で、したがって学校教育全体として、何を目指し、どのような戦略でそれを実現していくのかといった視点が、ややもすれば希薄になりがちだったかもしれません。

2 言語活動の充実

この流れを大きく変えたのが、前回、平成二〇年の学習指導要領改訂における「言語活動の充実」です。当時の中央教育審議会は、別途設けられた「言語力育成協力者会議」の議論等を踏まえ、論理や思考などの知的活動、コミュニケーションや感性・情緒の基盤である言語活動を、子供たちの思考力・判断力・表現力等を育成するための有効な手段と位置付け、その体系化・構造化を模索しました。まず、思考力・判断力・表現力等を育むために重要な学習活動として、以下の六つを挙げています。

①体験から感じ取ったことを表現する
②事実を正確に理解し伝達する
③概念・法則・意図などを解釈し、説明したり活用したりする
④情報を分析・評価し、論述する
⑤課題について、構想を立て実践し、評価・改善する
⑥互いの考えを伝え合い、自らの考えや集団の考えを発展させる

そして、これらをいわば横軸として、各教科等の教育内容を構造的に改善するための様々な提言を行ったのです（二〇〇八年一月一七日答申）。

まず、国語科では、内容事項に記録、説明、論述、討論といった「言語活動例」を示し、発達段階に応じて言語に関する能力を高めるための指導が着実に行われるようにしました。

ほかの各教科等においては、国語科で培った能力を基本に、知的活動の基盤という言語の役割の観点から、たとえば「観察・実験や社会見学のレポートにおいて、視点を明確にして、観察したり見学したりした事象の差異点や共通点をとらえて記録・報告する（理科、社会等）」「比較や分類、関連付けといった考えるための技法、帰納的な考え方や演繹的な考え方などを活用して説明する（算数・数学、理科等）」ことを重視する必要があるとされました。

また、コミュニケーションや感性・情緒の基盤という言語の役割に関しても、たとえば「体験から感じ取ったことを言葉や歌、絵、身体などを使って表現する（音楽、図画工作、美術、体育等）」「体験活動を振り返り、そこから学んだことを記述する（生活、特別活動等）」「討論・討議などにより意見の異なる人を説得したり、協同的に議論して集団としての意見をまとめたりする（道徳、特別活動等）」ことなどの重視を求めています。

このように、「言語活動の充実」は、各教科等の内容や特質に応じた言語活動を教育課程の中に体系的に位置付けて展開することにより、**学校教育全体で思考力・判断力・表現力等**

を着実に育成する構造の確立を目指して進められた施策なのです。そこでは、今回の改訂におけるカリキュラム・マネジメントでいう教科等横断的な視点が、すでに明確に意識されていたと言っていいでしょう。

3 知識の体系から資質・能力の体系へ

「言語活動の充実」が提起された背後には、三つの重要な契機があったと考えられます。

その第一は、ＯＥＣＤのキー・コンピテンシーをはじめとする、学力論の拡張ないしは原理の転換に関する国際的な動向です。詳しくは第二章で見ていきますが、学力のグローバル・スタンダードは、すでに「何を知っているか」という領域ごとに区分された知識の体系ではなく、知識や技能を自在に活用して「何ができるか」、より詳細には「どのような問題解決を現に成し遂げるか」という汎用的（generic）な資質・能力の体系となっているのです。

ちなみに、先に検討した「予想を立て、筋道を通して考え、確かめる子」という「目指す児童像」が、教科等横断的な視点を携えた教育課程の実施により十全に実現された姿もまた、汎用的な資質・能力の具体的現れの一例と言っていいでしょう。

第二は、ＯＥＣＤのＰＩＳＡや全国学力・学習状況調査のＢ問題などにより、従来「見えない学力」と言われてきた思考力・判断力・表現力等の可視化が進み、学校関係者にも汎用的な資質・能力の具体的イメージが共有されてきたことです。これらを通して、要素的な知識・技能の単なる所有では何がどのように不十分なのかが、広く理解されるようになりました。

第三は、二〇〇七年の学校教育法の改正です。学力論を巡っては長年に渡り様々な議論がありましたが、この改正により、学力が①基礎的な知識及び技能の習得、②知識及び技能を活用して課題を解決するために必要な思考力、判断力、表現力その他の能力、③主体的に学習に取り組む態度、と規定されました。教育学でいう経験主義と系統主義の対立、近年の学力論争における「ゆとり」か「詰め込み」かという二元論を超えて、知識を活用して課題を解決する汎用的な資質・能力が、学校教育が目指すべき学力であることが法律上明確になったのです。

これらのことからもわかるように、「言語活動の充実」は、観察・実験レポートや論述、討論など個々の活動の重視に留まるものではなく、**知識の体系であった学習指導要領を資質・能力の体系へと進化させ、その質の大幅な拡充を目指して進められたのです。**

4 教育課程企画特別部会

今回の改訂では、前回改訂において「言語活動の充実」を生み出した理念なり思想、現状認識なり将来展望を、さらに強力に推し進め、すべての学力側面に全面展開することが、その当初から明確に意図されていました。そしてそのための具体的な方策として、検討作業の進め方それ自体を大きく変化させたのです。

二〇一四年一一月二〇日、中央教育審議会に対し文部科学大臣から「初等中等教育における教育課程の基準等の在り方について」諮問が行われ、学習指導要領の改訂作業がスタートします。しかし、**従来と異なり、教科等別の部会はすぐには立ち上げられませんでした。**そこからほぼ一〇か月の間、主要な議論の場は、教育課程企画特別部会という聞き慣れない名前の部会だったのです。

教育課程企画特別部会では、まず、新しい学習指導要領が運用の最終局面を迎える二〇三〇年の社会と、その社会に生き、さらにその先の社会を主体として創造していく**子供たちに育成を目指す資質・能力**について検討がなされました。

ここから、「社会に開かれた教育課程」という基本理念、また、育成を目指す「資質・能力の三つの柱」という学力論を基礎付ける枠組みが導かれていきます。

そして次に、そのような資質・能力を育成するには、どのような教育内容が必要であり、またふさわしいかが、現状や過去の経緯にとらわれることなく自由闊達に議論されます。

言うまでもなく、そこでは教科等横断的な視点が常に意識されていました。つまり、「社会に開かれた教育課程」という理念を実現すべく、限られたリソースの枠内で子供たちに「資質・能力の三つの柱」を豊かに、そして着実に育成するにはどうするのが最善かという問題意識を共有しながら、各教科等の内容について多角的に検討したわけです。

これにより、同じ教育内容について検討するにしても、教科等別の部会に分かれ、その中で議論するのとは、自ずから議論の在り方が大きく異なってくるに違いありません。高等学校の教育課程については、なお検討が継続中ですが、「公共」「歴史総合」「理数探究」といった新しい発想に基づく科目の構想は、このような議論の中から生まれたのです。

また、すべての各教科等について、「資質・能力の三つの柱」の十全な育成を目指す観点から、「各教科等の特質に応じた『見方・考え方』」の明確化を求めるとともに、これを内容編成や指導方法の在り方を検討する際の重要な拠り所とすることが考え出されました。

加えて、資質・能力の育成に有効な教育方法の在り方についても、大臣諮問で言及のあった「アクティブ・ラーニング」を手がかりとして、また全国の先進的な実践事例などに基づき、かなり踏み込んだ検討が行われます。検討の過程において、「アクティブ・ラーニング」は「主体的・対話的で深い学び」として、その位置付けをより豊かに、より明確に、また初等中等教育の特質や実情に沿うよう様々な修正・発展が施されていきました。

そして、**すべての議論の共通の基盤として人間の学習や知識に関する学術的な知見が大いに参照された**のも、教育課程企画特別部会におけるこれまでにない大きな特徴と言えるでしょう。もっとも、学習や発達、知識に関する学術的知見を共通の足場として教育課程政策を立案・実施するのは、すでに欧米ではごく当たり前のことです。むしろこの点において、我が国は従来大きく後れを取っていたのであり、ようやくあるべき方向へと一歩を踏み出した段階にあるのではないかと思います。

5　学習する子供の視点に立つ

このように、今回の改訂では、従来の学習指導要領改訂とは大きく異なる検討の進め方を採用したわけですが、このことについて、教育課程企画特別部会は二〇一五年八月二六日の「論点整理」において、次のように説明しています。

「指導すべき個別の内容事項の検討に入る前に、まずは学習する子供の視点に立ち、教育課程全体や各教科等の学びを通じて『何ができるようになるのか』という観点から、育成すべき資質・能力を整理する必要がある。その上で、整理された資質・能力を育成するために『何を学ぶのか』という、必要な指導内容等を検討し、その内容を『どのように学ぶのか』という、子供たちの具体的な学びの姿を考えながら構成していく必要がある」(七、八頁)。

そして、続けて「こうした検討の方向性を底支えするのは、『学ぶとはどのようなことか』『知識とは何か』といった、『学び』や『知識』等に関する科学的な知見の蓄積である」(八頁)と述べられているのです。

これが、ほぼ一〇か月に渡って教科等別の部会が立ち上げられなかった理由です。

私個人は、今回の改訂を巡るすべての文書の中で、この部分が最も重要だと考えています。

とりわけ、**「まずは学習する子供の視点に立ち」という記述**は注目に値します。

なぜなら、従来の教育課程に関する議論においては、ついつい教える大人の視点から、教科等ごとに子供に身に付けさせたい知識・技能をリストアップすることに意識が集中しがちでした。しかし、その知識・技能が子供の中でどのように息付き、彼らの人生を支えていくのか。そのことが明らかにならない限り、せっかく教えた知識・技能も「生きて働かない」「宝の持ち腐れ」学力に留まる危険性があります。今回、知識を巡ってその量とともに質に関する議論が盛んなのも、こういった原理の転換と密接な関係があります。

また、子供の視点に立って教育課程の在り方を見直したからこそ、「何ができるようになるのか」という目標論＝学力論を上位に置き、「何を学ぶのか」という教育内容論と「どのように学ぶのか」という教育方法論を、その目的実現の手段として位置付ける構造となったと考えられます。**はじめに在来の「教科ありき」ではなく、また「内容」の習得それ自体が教育の最終目標でもないことを言明した点**に、これまでにはない新しさがあると言えるでしょう。

さらに、すべての検討を、まずは学習する子供の視点に立って進めることにしたからこそ、子供たちが「学ぶとはどのようなことか」、そこで学ばれる「知識とは何か」をこれまで以上に深く問う必要が切実に生じたのであり、「学び」や「知識」等に関する科学的な知見がより精緻に、また広範囲に渡って参照されるようになったのです。

このように、今回の学習指導要領改訂は、徹頭徹尾「学習する子供の視点に立つ」ことを原理として進められました。なお、以上のことは図１のようにまとめられています。

以下、本書ではこの図に沿って、いくつかの鍵概念を中心に、今回の学習指導要領の改訂作業を貫く考え方と、その検討の方向性を底支えしてきた「学び」や「知識」に関する科学的な知見の主要なものについて、順を追って説明していきたいと思います。

能力の育成と、学習評価の充実

に生かそうとする
・**人間性**の涵養

未知の状況にも対応できる
思考力・判断力・表現力等の育成

ようになるか

い社会を創るという目標を共有し、
手となるために必要な資質・能力を育む
教育課程」 の実現

ラム・マネジメント」の実現

どのように学ぶか

主体的・対話的で深い学び（「アクティブ・ラーニング」）の視点からの学習過程の改善

主体的な学び
対話的な学び
深い学び

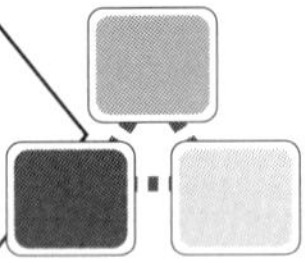

生きて働く知識・技能の習得など、新しい時代に求められる資質・能力を育成

知識の量を削減せず、質の高い理解を図るための学習過程の質的改善

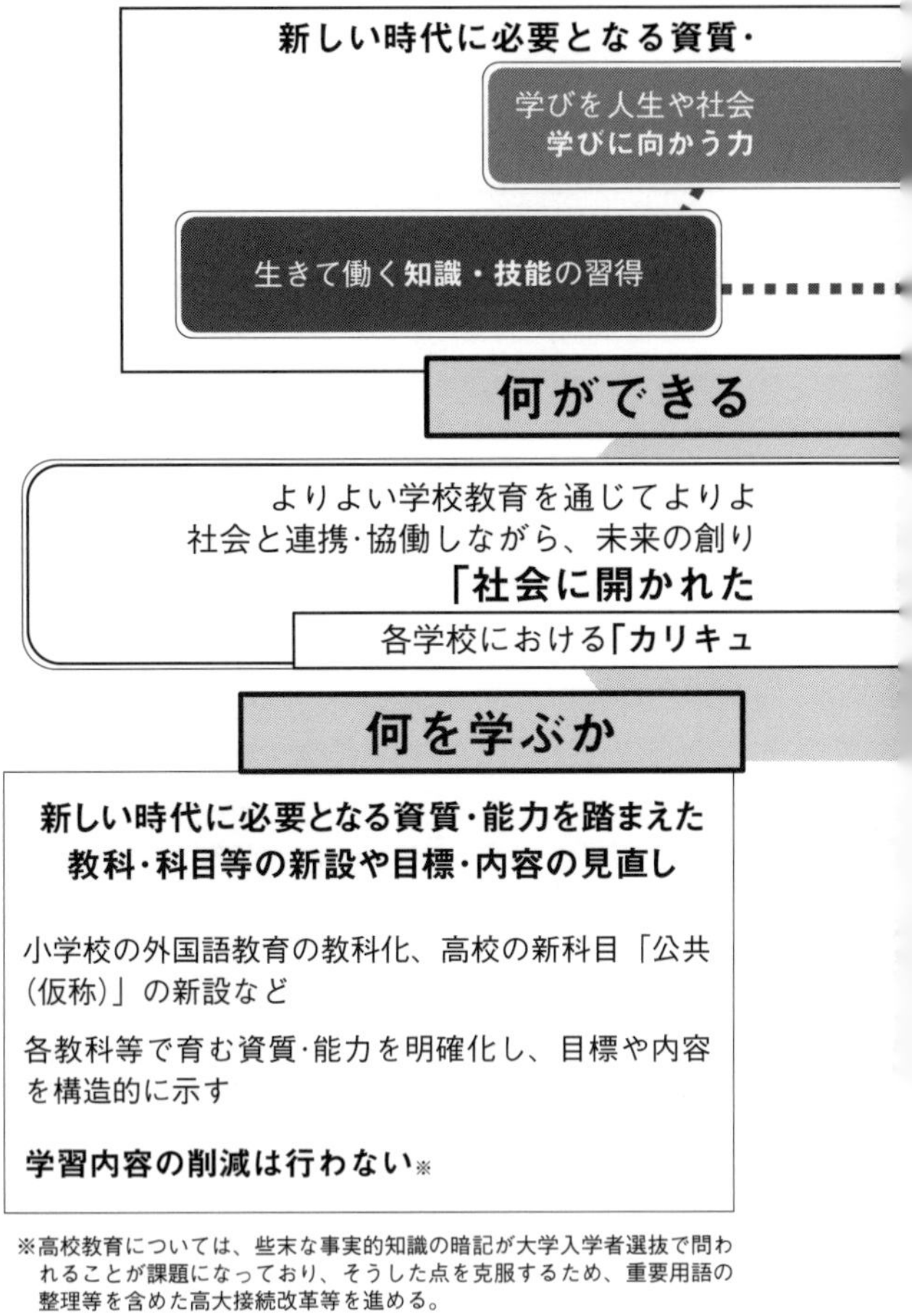
新しい時代に必要となる資質・
学びを人生や社会
学びに向かう力
生きて働く知識・技能の習得
何ができる
よりよい学校教育を通じてよりよ
社会と連携・協働しながら、未来の創り
「社会に開かれた
各学校における「カリキュ
何を学ぶか
新しい時代に必要となる資質・能力を踏まえた
教科・科目等の新設や目標・内容の見直し
小学校の外国語教育の教科化、高校の新科目「公共（仮称）」の新設など
各教科等で育む資質・能力を明確化し、目標や内容を構造的に示す
学習内容の削減は行わない※
※高校教育については、些末な事実的知識の暗記が大学入学者選抜で問われることが課題になっており、そうした点を克服するため、重要用語の整理等を含めた高大接続改革等を進める。

図1　学習指導要領改訂の方向性
（中央教育審議会「答申」補足資料2016年12月21日より）

まず、第二章では「目標論」＝「学力論」について考えます。子供に「何ができるようになるのか」を問う概念としての「資質・能力」とは何か。国内外の動向や近年における心理学的な研究成果などをも参照しながら、その正体を明らかにしていきます。

続く第三章では、そのような「目標論」＝「学力論」を要請した社会的・経済的・歴史的要因について、「知識基盤社会」「社会に開かれた教育課程」という概念を拠り所に、そもそも近代学校とは何だったのかという根本的な問題も含めて考えていきたいと思います。

第四章では「何を学ぶのか」、つまり「内容論」について、教科とは何かというおおもとから検討していきます。そして、「各教科等の特質に応じた『見方・考え方』」という概念を手がかりとして、今後における各教科等の在り方を模索したいと思います。

最終章となる第五章では、「どのように学ぶのか」という「方法論」について、具体的な実践事例や子供の姿を挙げながら、お話ししていきます。日々の授業の中で、いかにして「主体的・対話的で深い学び」を実現していくのか。その実践原理を明らかにすることができればと念願している次第です。

子供の学びへのQ

？とにかく知識量を増やしてあげないと、どうにもならないのでは？

？「B問題」の正解率はどうしたら上げることができますか？

？結局、最近の子供は根性や気合が足りないのではないですか？

第2章

資質・能力を基盤とした教育

資質・能力を巡る国内外の動向

1 世界のトレンドとしての資質・能力育成

我が国に限らず、長年に渡り学校教育は領域固有な知識や技能、いわゆる「内容」の習得を最優先の課題として進められてきました。しかし、要素的な知識・技能の習得それ自体は最終ゴールではありません。習得した知識・技能を自在に活用して質の高い問題解決を成し遂げ、よりよい人生を送ることができるところまでを視野に入れる必要があるのです。

このような視点に立ち、学校教育が子供にトータルで育成すべき「資質・能力」を明確化し、それを基盤にカリキュラムを編成し授業を生み出そうとの動きが、近年、世界的に活況を呈しています。

それは、**教育に関する主要な問いを「何を知っているか」から「何ができるか」、より詳**

しくいえば「どのような問題解決を現に成し遂げるか」へと転換させます。

そして、学校教育の守備範囲を知識・技能の習得に留めることなく、それらをはじめて出合う問題場面で効果的に活用する思考力・判断力・表現力等、汎用性のある認知スキルにまで高め、さらに粘り強く問題解決に取り組む意志力や六七頁以降で述べる感情の自己調整能力、直面する対人関係的困難を乗り越える社会スキルの育成にまで拡充すること、すなわち学力論の大幅な拡張と刷新を否応なしに求めるでしょう。あるいは、知識・技能についても、個別的で要素的なものから概念的な理解やより統合された知識へと、その質を高めようとの動きが顕著です。

まず、一九九七年から二〇〇三年にかけてＯＥＣＤのＤｅＳｅＣｏプロジェクトがキー・コンピテンシーを提起し、ＰＩＳＡをはじめとする国際学力調査に導入します。ＰＩＳＡがその問題を通して投げかけた学力論の斬新さ、さらにその成績が日本を含めて世界各国に与えた影響には計り知れないものがありました。

一方、ＥＵはキー・コンピテンシーを独自に定義し、域内における教育政策の共通的基本枠組みとします。また、北米では「二一世紀型スキル」という名称の下、主に評価を巡って検討が行われ、その成果は後にＰＩＳＡにも反映されました。このような動向はイギリス、オーストラリア、ニュージーランドなどにも波及し、現在、多くの国や地域で資質・能力に基づくカリキュラムの開発や教育制度の整備が進行中です。

2 「生きる力」から「三つの視点」、そして「資質・能力の三つの柱」へ

我が国に目を転じると、一九九六年に提起された「生きる力」の中に、すでに資質・能力を視野に入れた動きを確認できます。そして、二〇一二年一二月には「育成すべき資質・能力を踏まえた教育目標・内容と評価の在り方に関する検討会」が、「次期学習指導要領に向けての基礎的な資料を得る」ことを設置主旨として本格的検討に着手しました。

検討会は二〇一四年三月三一日に「論点整理」を出しますが、そこでは「日本でも比較的早い時期から『生きる力』の理念を提唱しており、その考え方はOECDのキー・コンピテンシーとも重なるものであるが、『生きる力』を構成する具体的な資質・能力の具体化や、それらと各教科等の教育目標・内容の関係についての分析がこれまで十分でなく、学習指導要領全体としては教育内容中心のものとなっている」とし、「より効果的な教育課程への改善を目指すためには、学習指導要領の構造を、育成すべき資質・能力を起点として改めて見直し、改善を図ることが必要」であるとしています（「論点整理（主なポイント）」より）。

そして、「現在の学習指導要領に定められている各教科等の教育目標・内容を以下の三つ

の視点で分析した上で、学習指導要領の構造の中で適切に位置付け直したり、その意義を明確に示したりすることについて検討すべき」としました。三つの視点とは次の通りです。

ア）教科等を横断する汎用的なスキル（コンピテンシー）等に関わるもの
①汎用的なスキル等としては、例えば、問題解決、論理的思考、コミュニケーション、意欲など
②メタ認知（自己調整や内省、批判的思考等を可能にするもの）
イ）教科等の本質に関わるもの（教科等ならではの見方・考え方など）
例：「エネルギーとは何か。電気とは何か。どのような性質を持っているのか」のような教科等の本質に関わる問いに答えるためのものの見方・考え方、処理や表現の方法など
ウ）教科等に固有の知識や個別スキルに関するもの
例：「乾電池」についての知識、「検流計」の使い方

これらは、単に検討すべき視点が三つ存在することを示す以上に、学力をこのような三層構造で考えるという、学力論に関する新たな視座を提供していると言えるでしょう。

そして、二〇一四年一一月二〇日、文部科学大臣より中央教育審議会に「初等中等教育に

おける教育課程の基準等の在り方について」諮問がなされ、学習指導要領の改訂作業が開始されます。その大臣諮問の「別添理由」には「育成すべき資質・能力を踏まえた、新たな教科・科目等の在り方や、既存の教科・科目等の目標・内容の見直し」について審議を求める旨が明記されており、先の検討会の議論等も踏まえ、我が国もまた資質・能力育成を基盤とした教育へと歩みを進めることを強く予感させるものとなりました。

諮問を受け、中央教育審議会は教育課程企画特別部会を主な議論の場として、広範かつ慎重な議論を展開してきました。そして、二〇一五年八月二六日の「論点整理」の中で、新しい学習指導要領において育成すべき資質・能力を、以下の三つの柱に整理します。

i）「何を知っているか、何ができるか（個別の知識・技能）」
ii）「知っていること・できることをどう使うか（思考力・判断力・表現力等）」
iii）「どのように社会・世界と関わり、よりよい人生を送るか（学びに向かう力、人間性等）」

さらに、その後立ち上げられた各教科等の部会やワーキンググループも加わって様々な見地から審議を尽くし、答申にあるような以下の形にまとめ上げられたのです。

①「何を理解しているか、何ができるか（生きて働く「知識・技能」の習得）」
②「理解していること・できることをどう使うか（未知の状況にも対応できる「思考力・判断力・表現力等」の育成）」
③「どのように社会・世界と関わり、よりよい人生を送るか（学びを人生や社会に生かそうとする「学びに向かう力・人間性等」の涵《かん》養）」

ここには、一年四か月の審議を経て、今後の学校教育で育成を進めていく**資質・能力に対する要求度がいっそう高まった**ことが見て取れます。とりわけ、**「何を知っているか」から「何を理解しているか」、「個別の知識・技能」から「生きて働く『知識・技能』」への変化は決定的**と言えるでしょう。「個別の知識・技能」を「知っている」だけなら暗記でもいいと誤解されかねないというのが主な論点だったと記憶していますが、資質・能力育成の鍵が各教科等における領域固有知識の質の向上にあるという押さえは、極めて重要なものです。

加えて、「思考力・判断力・表現力等」にも「未知の状況にも対応できる」が追記され、単にその教科等の中で適切に思考したり表現できるだけでなく、最初に学び身に付けた領域を踏み出て、自在に駆使できる水準のものを求めていることがはっきりと示されました。

そして、二〇一七年三月三一日、文部科学大臣により新学習指導要領が告示されました。育成を目指す資質・能力の三つの柱については、まず、第1章　総則の第1の3において、以下のような表現として整理されています。

(1) 知識及び技能が習得されるようにすること。
(2) 思考力、判断力、表現力等を育成すること。
(3) 学びに向かう力、人間性等を涵《かん》養すること。

また、各教科等の目標においても、これら三つの柱に即した構成が採用され、内容についても、各教科等の特質に応じて、三つの柱を偏りなく実現できるよう工夫がなされました。

なお、本書では、まえがきでも書いたように答申を中心にお話ししていきます。ついては、育成を目指す資質・能力の三つの柱についても、答申で用いられた「知識・技能」「思考力・判断力・表現力等」「学びに向かう力・人間性等」という表現を基本としたいと思います。

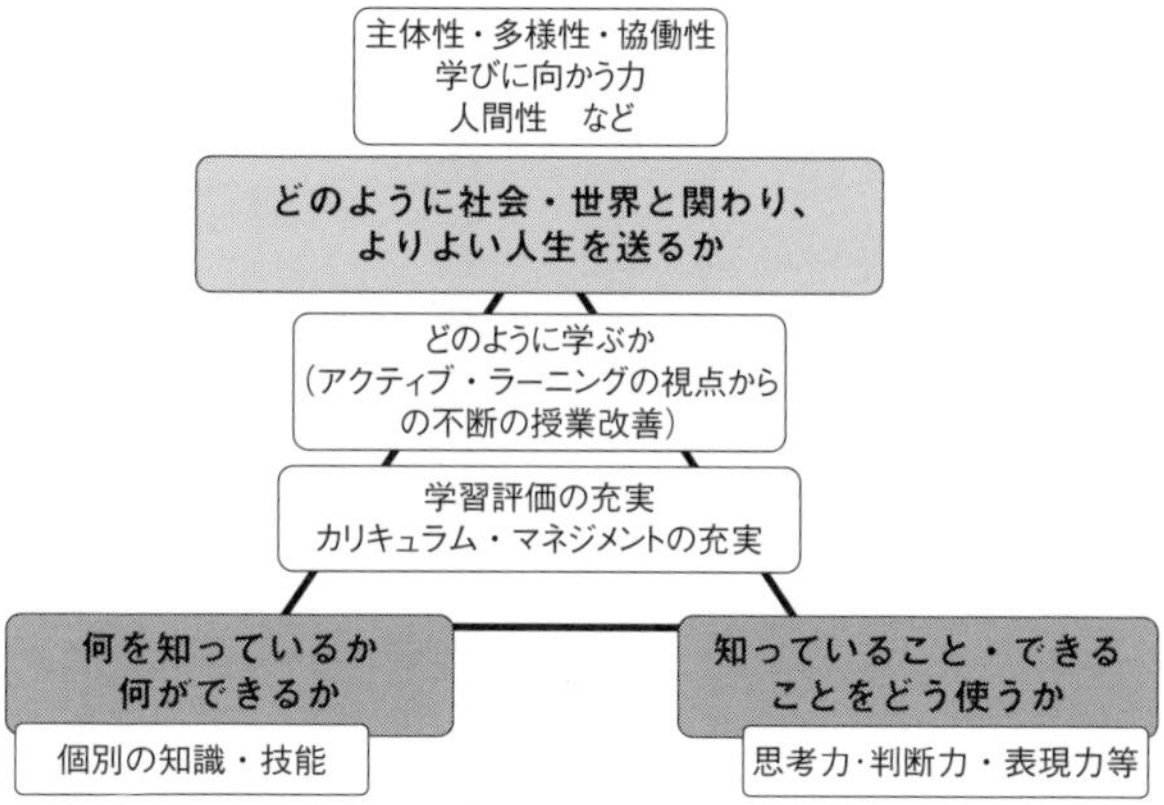

図２　育成すべき資質・能力の三つの柱
（「論点整理」補足資料 2015 年 8 月 26 日より）

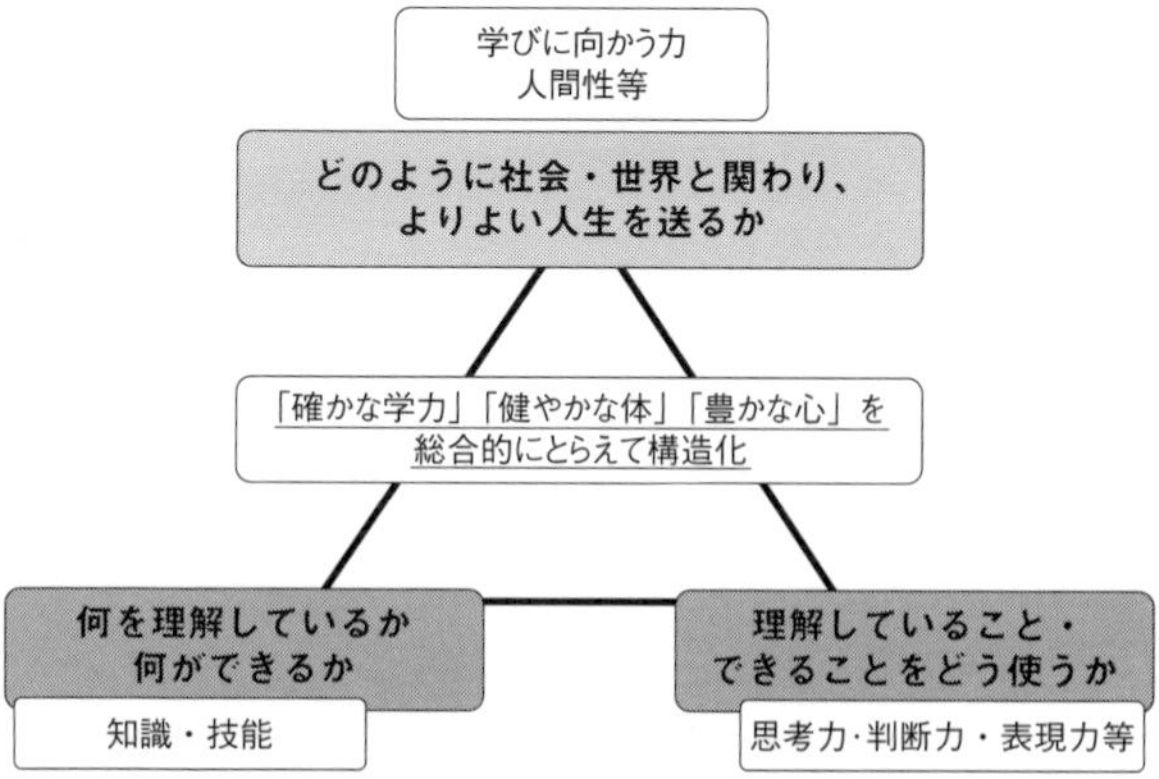

図３　育成を目指す資質・能力の三つの柱
（「答申」補足資料 2016 年 12 月 21 日より）

内容と資質・能力の関係

1 内容を通して資質・能力を育む

資質・能力に対応する英語に、「コンピテンシー（competency）」があります。ＯＥＣＤの「キー・コンピテンシー」が、その用例の代表的なものでしょう。

「育成すべき資質・能力を踏まえた教育目標・内容と評価の在り方に関する検討会」が示した「三つの視点」では、「教科等を横断する汎用的なスキル」の後に括弧書きで「コンピテンシー」と記されています。そして、「問題解決、論理的思考、コミュニケーション、意欲など」、つまり認知的・社会的・情意的という三側面の汎用的スキル、海外でいうジェネリック・スキルズ（generic skills）と、「自己調整や内省、批判的思考等を可能にする」メタ認知の二つを挙げています。したがって、これらをコンピテンシーの具体的内実と考えていたと解釈できます。このような見方は欧米でも一般的で、キー・コンピテンシーや二一世紀型スキルが主にイメージしているのも、ほぼ同様のものと言っていいでしょう。

ここで気を付けるべきは、**従来の学習指導要領において各教科等の主要な「内容」（コンテンツ：content）であった領域固有な知識や技能を、コンピテンシーと対立する位置に置き、あれかこれかの二者択一で思考する過ちを犯さない**ことです。それは、教育史上の典型的な対立図式である系統主義 vs 経験主義が、「知識か思考力か」という不毛な論争に明け暮れたことの再来でしかありません。

この点について教育課程企画特別部会の「論点整理」は、「教科等における学習は、知識・技能のみならず、それぞれの体系に応じた思考力・判断力・表現力等や情意・態度等を、それぞれの教科等の文脈に応じて育む役割を有して」おり、「思考力・判断力・表現力等や情意・態度等は、各教科等の文脈の中で指導される内容事項と関連付けられながら育まれていく」と明言しています（一五頁）。また、このように考えるからこそ、「育成すべき資質・能力と学習指導要領等との構造を整理するには、学習指導要領を構成する各教科等をなぜ学ぶのか、それを通じてどういった力が身に付くのかという、教科等の本質的な意義に立ち返って検討する必要がある」（一五頁）ということにもなるのです。

つまり、内容と資質・能力はあれかこれかの対立図式ではなく、個別具体的な内容について学ぶことを通して汎用的に機能する資質・能力を育成するという関係にあります。

2 教科等の本質を拠り所に内容と資質・能力の調和的実現を目指す

そして、両者をつなぐ重要な役割を果たすのが「教科等の本質的な意義」、いわゆる教科等の本質です。この理解こそが、実は「育成すべき資質・能力を踏まえた教育目標・内容と評価の在り方に関する検討会」が示した学力の三層構造の最も重要な意味でした。つまり、**教科等の本質を仲立ちとして、領域固有な内容と汎用的な資質・能力を結び付け、両者の調和的で一体的な実現を目指す**ことが、今後の教育に求められると考えたわけです。

教科等の本質とは何でしょう。言葉としては古くから使われてきたものですが、意外にも教育課程政策史上、明確な定義付けがなされたことはありませんでした。

三つの視点では、「教科等の本質に関わるもの」の後に括弧書きで「教科等ならではの見方・考え方など」と記し、さらに具体的に「『エネルギーとは何か。電気とは何か。どのような性質を持っているのか』のような教科等の本質に関わる問いに答えるためのものの見方・考え方、処理や表現の方法など」と解説しています。教科等の本質とは、その教科等においで特徴的に現れる、その教科等ならではのものの見方・考え方なのです。

今回の改訂では、これを「各教科等の特質に応じた『見方・考え方』」と表現しています。そして、「見方・考え方」について答申は、「〝どのような視点で物事を捉え、どのような考え方で思考していくのか〟という、物事を捉える視点や考え方」（三三頁）と説明しています。

では、各教科等の特質に応じた「見方・考え方」は、どのような筋道で資質・能力の育成に寄与するのでしょう。このことについては、第四章で詳しくお話ししたいと思います。

3 奈良の「学習法」と「子どもがする授業」

さらに、資質・能力の獲得は思考力や意欲の高まりを意味しますから、次にはそれらを発揮し、内容の習得を促進するでしょう。そして、新たな内容を学ぶ過程で資質・能力もいよいよ高まり、それが次の内容の習得にも活かされます。

この好循環が繰り返されていくにつれ、内容の習得速度は原理的には加速度的に速くなっていくはずです。このように、内容と資質・能力は対立するどころか、相互依存的であると同時に相互促進的な関係にあります。

内容に加えて資質・能力も育てると発想すると、教えるものが増えてしまい、とても時間が足りないとなりますが、そうではありません。むしろ、初期の段階でじっくりと時間をかけて資質・能力を育成することにより、先の好循環が生まれ、結果的に学年末なり卒業時までには、すべての内容を余裕で学び終えることができるでしょう。

この原理が実践的にも不可能でないどころか、子供の主体的な学びへの求めに突き動かされる形で、むしろ内容的に見ても結果的により高度な段階にまで進んでしまえることは、同様の考え方を大正時代から貫いてきた奈良女子高等師範学校附属小学校、現在の奈良女子大学附属小学校の一〇〇年にも及ぶ理論的・実践的研究によって証明済みです。

同校は、大正期に主事を務めた木下竹次がその著作『学習原論』で展開した「学習法」という考え方に基づき、子供のトータルな学ぶ力、考える力、そして生活を切り拓《ひら》く力をこそ学力の中核をなすものとして大切に育ててきました。まさに、資質・能力を基盤とした教育であり、それを一〇〇年も前に精緻に理論化し、着実に実践してきたことは驚嘆に値します。

今回、学習内容の削減はしないわけですが、「それでどうやってアクティブ・ラーニングを実施し、資質・能力も育てるのか」という声に対しては、**アクティブ・ラーニングの実施によって資質・能力を育てるからこそ、現状の学習内容のすべてを無理なく扱い得ると答えたい**と思います。それが、奈良の「学習法」が教えてくれる教育の真実です。

もちろん、そのためには指導の仕方を抜本的に変えなければいけません。国語科の授業で、どんな物語でも一場面一時間のテンポで読解する、社会科の授業で、同じ武士の世の中なのに、鎌倉時代も室町時代も江戸時代も同じだけ時間をかけて指導するという現状の発想でアクティブ・ラーニングを導入すれば、当然、授業時間は大幅に不足するでしょう。なぜなら、それは授業を推進する力として、子供たちの学びに向かう力や思考力の発揮を一切あてにしていないやり方だからです。そこが授業づくりのそもそもの原理としてとんでもなく間違っていると、私は思います。

子供は学ぶ力を持っているし、さらにそれを鍛え上げることにより、自らの意志と能力で内容をどんどん学び進めていきます。本来、授業は子供と共に創るものであり、子供と共に進めていくものです。それどころか、木下の後を継いだ重松鷹泰《たかやす》は、「子どもがする授業」という表現さえ使いました。**何も心配はいりません。アクティブ・ラーニングも資質・能力の育成も、実はほかならぬ子供たちが潜在的に求めているものだったのです。**

コンピテンスという思想

1　ホワイトによるコンピテンスの提唱

コンピテンシーという概念それ自体にはいくつかのルーツがありますが、ハーバード大学の心理学者であったロバート・ホワイトが一九五九年に提起したコンピテンス（competence）概念を、まずは挙げるべきでしょう。

なお、コンピテンシーとコンピテンスは、用語として基本的に同義と見なして特に問題はありません。一九七〇年代まではコンピテンスが用いられることが多かったのですが、キー・コンピテンシーをはじめとして、現在ではコンピテンシーの方が一般的です。

ホワイトは乳幼児の観察などから、人間は生まれながらにして環境内のひと・もの・ことに能動的に関わろうとする傾向性を有しており、この傾向性がもたらす環境との相互作用を通して、次第にそれぞれの対象に適合した関わりの能力を獲得していくと論じました。

そして、これと心理学的に同型と見なし得る現象が、乳幼児期に限らず、精神的に健康な人間の一生涯に渡って多種多様に見られるとし、これをコンピテンスと名付けたのです。

その背景には、ピアジェ以来の学習に関する発達心理学的な見方が存在していると解釈できます。たとえば、飴玉を見付けた赤ちゃんは、それを口に入れます。飴玉だと知っているから口に入れるのではありません。赤ちゃんは口に入れるのと手でつかむくらいしか、対象に対する関わり方、シェマ（schema）を持ち合わせていないのです。しかし、口に入れるというシェマは、こと飴玉に対しては食べ物であるという本質的理解をもたらす適切な関わり方であり、赤ちゃんは甘さを享受しながら飴玉の同化（assimilation）に成功します。

別な日、赤ちゃんはビー玉を見付けます。飴玉と同様に丸く光るものですから迷わず口に入れますが、今度は同化できずに吐き出しました。ビー玉を同化するには、ビー玉という対象からの要求に突き動かされる形で、つかんだ手のなめらかな動作によりそれを転がせるようになる必要があるのです。これをシェマの調節（accommodation）といいます。

ビー玉との関わりを契機として新たに獲得された手のなめらかな動きは、また別な対象を取り扱う際にも繰り出され、様々な対象の同化＝理解を促進してくれるでしょう。

このように、シェマによる対象の同化と、対象の要求に根ざしたシェマの調節を繰り返すことで、赤ちゃんは徐々に身の回りの事物・現象に関する個別的理解を深めていくと同時に、様々な環境に対してより効果的な関わり方を獲得・洗練・拡充させていくのですが、これこそが学習の原初的形態なのです。

ホワイトは、コンピテンスに二つの意味合いを込めました。

その第一は、環境内のひと・もの・ことに能動的に関わろうとする生得的な動機付け的エネルギー要因です。

そして第二は、そこから生まれるひと・もの・ことと効果的に関われるという関係的で認知的な能力です。

興味深いのは、そこでは「知る」とは単に名前を知っているとか理解しているということではなく、対象の特質に応じた適切な「関わり」が現に「できる」こと、さらに個別具体的な対象について「知る」（＝関われる）ことを通して、汎用性のある「関わり方」が感得され、洗練されていくことが含意されている点でしょう。

すなわち、「知る」ことを駆動するエネルギー要因から、「知る」営みのメカニズムや、それを通して結果的に獲得される「関わり方」、つまり汎用的スキルまでをも包摂《ほうせつ》した概念として、コンピテンスは提起されたのです。まさに**「どのような問題解決を現に成し遂げるか」を問う概念、つまり今日でいう資質・能力として、コンピテンスは誕生した**のです。

2　コンピテンスから見た幼小の連携・接続

資質・能力とかコンピテンスというと、何かとても高度なものを思い浮かべるかもしれませんが、実はそうではありません。人間がその誕生の直後から、誰に教えられるでもなくごく自然に展開している学習が、すでにコンピテンス的であり、アクティブ・ラーニングなのです。というか、人はそもそもアクティブに、コンピテンス的に学ぶのであり、実はそのようにしか、ごく自然には学べないのです。

よく意味も理解できないままに要素的な知識を暗記しようとし、そのために膨大なドリルを日々繰り返すなどという学びの方が、人間という自然に大いに反しています。そんな無茶がうまくいくはずがないのは、よくよく考えれば当然のことなのです。

その意味では、幼児教育で展開されている学びが、その先の学校教育の在り方を考える上で非常に参考となります。幼児教育での学びはすべてが渾然一体となって進んでいきますし、そこで培われているのは資質・能力そのものだからです。時折、旧来の小学校のまねをして要素的な知識・技能を教え込もうとしている幼稚園も見かけますが、それが長期的に見て子供の育ちに重大な問題を残すであろうことは、すでに疑いの余地がありません。

今後における幼小の連携・接続について、答申は「小学校低学年は、学びがゼロからスタートするわけではなく、幼児教育で身に付けたことを生かしながら教科等の学びにつなぎ、子供たちの資質・能力を伸ばしていく時期である」（二一〇頁）と述べています。

そして、「小学校教育においては、生活科を中心としたスタートカリキュラムを学習指導要領に明確に位置付け、その中で、合科的・関連的な指導や短時間での学習などを含む授業時間や指導の工夫、環境構成等の工夫も行いながら、幼児期に総合的に育まれた資質・能力や、子供たちの成長を、各教科等の特質に応じた学びにつなげていくことが求められる」（二一〇頁）としています。

つまり、旧来の小学校的なやり方に順応させるべく、木に竹を接《つ》ぐような特別な訓練や準備をするのではなく、幼児期までに培われた育ちを大切に受け止め、それをゆっくりと、しかし着実に、各教科等の学びへと発展させていくわけです。入学式の翌日に「小学校は幼稚園までとは違います」と宣言し、「手はお膝」「お口チャック」「手を挙げて、先生に当てられたら発言していいです」といった、まったくの教師の都合に過ぎない規律訓練を幼小接続だと考えてきた不幸な時代は、ようやく終焉の時を迎えるのです。

理由ははっきりしていて、そのやり方は内容を詰め込むのであれば、あるいは奏功したかもしれませんが、資質・能力の育成にはおよそ不向きであり、かえって害毒をもたらしかねないからです。それでもなお、「まずは訓練によって学習規律を確立し、落ち着いて学習できるようになってからでないと、アクティブ・ラーニングは難しいのではないか」などと言い出す人がいるのですが、そういった発想がそもそもの間違いであり元凶であることに、そろそろ気付くべきでしょう。

3　一生涯を一つの学びの原理で突き通す

ＯＥＣＤのキー・コンピテンシーやアメリカの二一世紀型スキルには、ややもすれば社会的効率主義、産業的マンパワー主義の色合いが濃厚で、その意味において人間の主体性や統一性を欠くのではないかとの批判があります。その見地から、資質・能力とは別に主体性や倫理観の育成を図る必要があるとの論もあり、現実の施策を考えるという実際的意味においては傾聴に値する部分もあるとは思います。

しかし、そもそものコンピテンス概念は、環境との間によりよい関係を取り結ぼうとする人間本来の傾向性に根ざした、優れて力動的でホリスティックなものでした。何より、ホワイトは人間の一生涯に渡る学習や発達、自我形成を支える生得的で根源的なエネルギーとメカニズムに関わってコンピテンスという概念を提起したのです。

すでに検討したように、就学以前の子供の学びはもっぱら資質・能力の拡充や洗練そのものでしょう。そして、学校を離れた後の社会人としての現実的な問題解決やそこでの学びもまた、資質・能力の拡充・洗練を中心として展開するのではないでしょうか。

つまり、現状では学校に在籍する期間のみが内容中心の教育であり、それ以前とそれ以後の学びは、大いに資質・能力を基盤に据えたものなのです。したがって、もし、学校教育もまた資質・能力を基盤に実施されたなら、人間はその誕生から臨終の時まで一貫して一つの学びのみを突き通せばよいことになります。

しかも、ホワイトが言うように、コンピテンスの萌芽やそれを発展させるメカニズム自体はすべての子供が生得的に所有しているのですから、「資質・能力を育成する」といった表現すら適切ではなく、「資質・能力の顕在化を支援する」「資質・能力の拡充・洗練を促すべく学習環境を整える」と言うべきなのかもしれません。このように考えるならば、**資質・能力を基盤とした教育において各教科等を教えるとは、その各教科等ならではの「見方・考え方」に照らして、その子の資質・能力がよりよく顕在化・拡充・洗練するよう支援すること**だと再定義できるでしょう。

このように、今こそ現代的な状況を踏まえつつ、ホワイトがこの概念に込めた本来の意味合いを豊かに復権させることが求められているのです。

質の高い問題解決の実行を支えるトータルな学力

1　コンテンツ・テストの成績は人生の成功を予測しない

ホワイトのコンピテンス概念に注目しつつも、これを今日広く使われている意味へと発展させたのは、やはりハーバード大学の心理学者であったデイビッド・マクレランドでした。

マクレランドは一九七〇年代に、領域固有知識の所有を問う伝統的なテストや学校の成績、資格証明書の類いが、およそ職務上の業績や人生における成功を予測し得ないことを豊富な事例で論証します。たとえば、国務省は海外で働く外務情報職員（図書館を運営したり文化的催しを企画する）の人事選考を、専門教養、一般教養、語学といった、いわばコンテンツ・テストの成績によって行っていました。ところが、それらのスコアと任地での仕事ぶりや業績との間には、ほとんど相関が認められませんでした。コンテンツ・テストのスコアに表れる要素的知識の単なる所有は、質の高い問題解決の十分条件ではなかったのです。

では、何が職務上の業績を予測するのでしょうか。この探究に際してマクレランドは、卓越した仕事ぶりを示す職員と凡庸な業績しかあげられない職員を国務省に選んでもらうとともに、職員に詳細な面接を行います。その結果、以下の三つが、卓越した職員を凡庸な職員から区別する要因として見出されました。

① **異文化対応の対人関係感受性**：異文化に属する人たちが語り、意味することの真意を聴き取る能力、彼らがどう対応するかを予測する能力。

② **他の人たちに前向きの期待を抱く**：敵対する人も含め、すべての他者の基本的な尊厳と価値を認める強い信念、さらにストレス下でもこの前向きの信念を保ち続ける能力。

③ **政治的ネットワークをすばやく学ぶ**：そのコミュニティにおいて誰が誰に影響を及ぼしており、各人の政治的、権力的立場がどのようなものかをすばやく察知する能力。

これらは大学教育まで含めて、およそ学校で育成されるもののリストには含まれてこなかったか、少なくとも中核的ではなかったでしょう。しかし、実際の仕事ぶりを左右したのはこれらの要因でした。**マクレランドは、人生で直面する様々な問題状況に対し、質の高い問**

題解決を現に成し遂げるのに必要十分な要因をコンピテンスと呼ぶことを提案します。

もちろん、知識もコンピテンスのカテゴリーに含まれてはいました。しかし、その比重は従来の常識から見れば結果的にかなり小さなものに留まります。

一方、より大きな影響力を示したのは意欲や感情の自己調整能力、肯定的な自己概念や自己信頼などの情意的な資質・能力であり、対人関係調整能力やコミュニケーション能力などの社会スキルでした。これらは今日、非認知的能力と呼ばれています。

マクレランドの発見は、当然の帰結として企業の人事管理や組織経営、さらに企業に人材を供給する高等教育機関のカリキュラムや評価の在り方に多大な影響を与えていきます。そして、この動きが次第に初等中等教育にも及んできたのが、近年の状況なのです。

2　子供を優れた問題解決者にまで育て上げる教育

マクレランドの研究は、三つの意味合いを持っています。

一つ目は、すっかりあてになると思い込まれてきたコンテンツ・テストの成績が、実際には将来の社会的成功を十分に予測しないという厳然たる事実をはっきり示したことです。

しかし、内容中心の教育といえども、ただただ知識を詰め込んできたわけではないでしょう。学びの過程において、複雑な思考や高度な判断も随分と経験させてきました。ならば、コンテンツ・テストの成績は単なる知識の所有のみならず、現実の問題解決に資する思考力や判断力の指標でもあっていいはずです。この疑問については、「学習の転移」という現象に焦点を当てながら、次節で考えたいと思います。

二つ目は、質の高い問題解決を現に成し遂げるには、**意欲や感情の自己調整能力、社会スキルといった非認知的能力が決定的に重要**であることを示した点です。

もっとも、意欲のような情意を学力と見なしていいのか、それ以前に教育可能なのかを巡っては、過去にも様々な論争がありました。このことについても、六七頁以降でさらに別な研究などを紹介しながらお話ししたいと思います。

三つ目は、ならばいっそのこと一切の予断を捨て、**質の高い問題解決を現に成し遂げるのに必要十分な要因を幅広く洗い出し、それこそをトータルな学力と見なして子供たちに育成し、また評価の対象としてはどうかというアイデア**を提起したことです。

すべての子供を優れた問題解決者にまで育て上げる。これが資質・能力を基盤とした教育が目指すところです。そして、この目標の実現に必要十分な学習経験は何か。それはどのような学習内容を、どのような教育方法で指導することで効果的にもたらし得るのか。これらの問いに対する理論的・実践的な挑戦が、今まさに世界各国で精力的に進められているのです。

転移への過剰な期待は誤りである

1　内容中心の教育の教育原理

内容中心の教育は、時に詰め込み教育などと批判されてきましたが、何も子供を「歩く百科事典」にしようとしてきたわけではありません。実は内容中心の教育もまた、子供を優れた問題解決者にまで育て上げようとしてきたのです。

ただ、どうやってこの目標にたどり着けると考えるかの論理が、すっかり違っていました。内容中心の教育では、学問・科学・芸術などの文化遺産から知識・技能を選りすぐり教授することにより、子供を優れた問題解決者にまで育て上げることができると信じ、現に実行してきたのです。

なぜなら、それらは人類が成し遂げてきた最も偉大にして洗練された革新的問題解決の成果であり、子供たちは習得したそれらの知識を適宜上手に活用することで、同様の優れた問題解決を成し遂げながら人生を生きていくだろう、と考えたわけです。

さらには、たとえば数学的知識の習得は子供に厳密な形式論理操作を要求しますから、そこでは思考力や判断力も培われ、それらは数量や図形はもとより、社会的事象の構造的把握や批判的吟味にも確かな礎を提供するに違いない、と信じて疑いませんでした。

このような論理を背景に持つからこそ、内容中心の教育はその成果を確認するのに「何を知っているか」を問うことで事足れりとしてきたのです。つまり、「何を知っているか」それ自体にも十分に価値はあるのですが、さらにそのことがほぼ自動的に「どのような問題解決を現に成し遂げるか」を保障し、ひいてはその子の人生における成功を支えると信じてきたわけです。だからこそ、領域固有知識の教授と習得状況の確認が学校と教師にとって最大の関心事であり、力の入れどころでもあり続けてきたのです。

2　A問題とB問題の得点差をもたらすもの

このことは、内容中心の教育がその背後に大いなる学習の転移（transfer）を暗黙裏に想定していたことを意味します。しかし、心理学は一九七〇年代までに転移はそう簡単には起きないし、その範囲も限定的であることを実証してしまいました。ここに、内容中心の教育が頼りとしていた論理は、その前提からもろくも崩れ去るのです。

たとえば、同じ平行四辺形の面積に関する知識を適切に用いれば正答できる問題であるにもかかわらず、授業で教わった通りの尋ねられ方をするA問題の正答率が九六％だったのに対し、図形を地図中に埋め込んだB問題では一八％でした（平成一九年度全国学力・学習状況調査、図4）。この事実は、学習の転移が簡単には生じないことを物語っています。

その後の研究は、ある知識が自在に活用されるには、どのような問題場面にどのような理由で適用可能なのか、適用条件は何で、どのような変換を施す必要があるのかまで伴っている必要があることを明らかにしてきました。すでに繰り返しお話ししてきた通り、**知識は単に所有すればいいのではなく、その質が決定的に重要**なのです。

3 状況に埋め込まれた学習

A問題的な質でなされた学習がB問題の水準にすら実際には転移しないのですから、数学学習が論理性や思考力を鍛えるという例の常套句《じょうとうく》についても、慎重にならざるを得ません。百歩譲って、数学学習が数量や図形を扱う上での論理性や思考力を高めるとしましょう。

(3)　ひろしさんの家の近くに東公園があります。

東公園の面積と中央公園の面積では，どちらのほうが広いですか。

答えを書きましょう。また，そのわけを，言葉や式などを使って書きましょう。

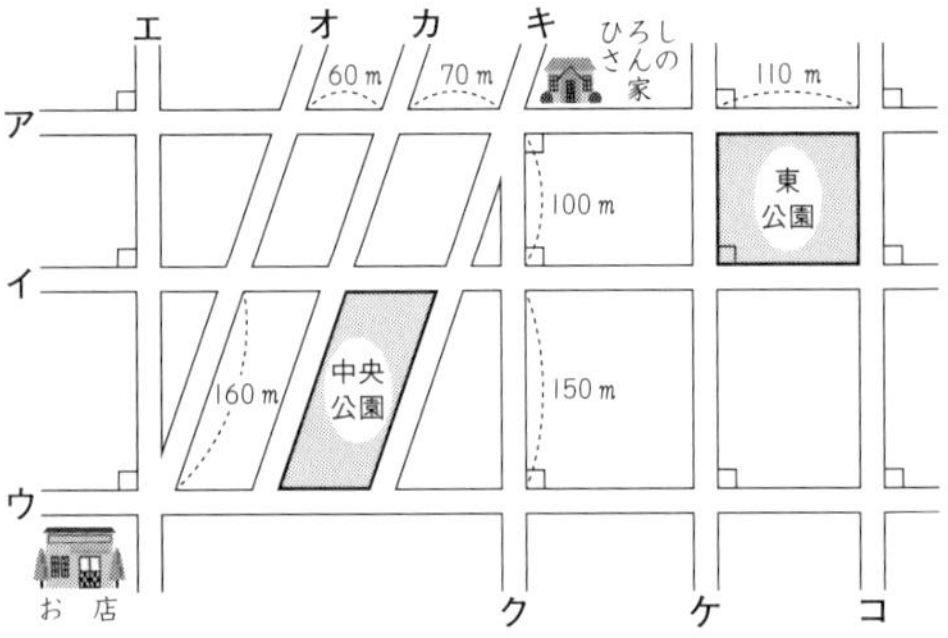

○　道路ア，イ，ウは，それぞれ道路ケに垂直です。
○　道路ア，イ，ウは，それぞれ道路コに垂直です。

第2章
資質・能力を基盤とした教育

次の図形の面積を求める式と答えを書きましょう。

(1) 平行四辺形

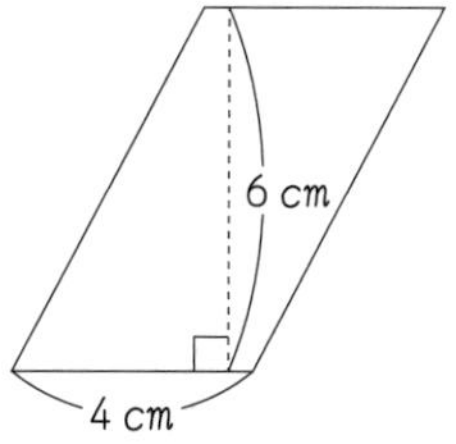

（「平成 19 年度全国学力・学習状況調査」の調査問題より）
小学校算数 A 問題 5（1）
小学校算数 B 問題 5（3）

図 4　6 年生算数の A 問題（左）と B 問題（右）
正答率：A 問題 96 %、B 問題 18 %

しかし、同じことがどこまでの拡がりを有するのでしょう。たとえば、数学の専門家は二四時間、すべての生活領域において論理的に思考して暮らしているのかというと、必ずしもそうとも言えないようにも思います。

このことは数学の専門家に限りません。特定の領域で高度な知的操作の訓練を受け、それを職業としている大学教師が、日常の社会生活において、しばしば人々から失笑を買うような行動や発言をしてしまうのは、その**高度な知性がさほどの領域的拡がりを持たないこと、対象を問わず縦横無尽に働くようなものではそもそもないこと**を示唆しています。

人間の知性や学習というのは、それくらい領域固有なものであり、文脈や状況に強く依存しているのです。一九八〇年代以降、このことを心理学は、状況に埋め込まれた学習（situated learning）と表現してきました。

もっとも、これは子供たちの学びづくりにとって福音でもあります。現状ではどうにも勉強が苦手な子たちも、同じ学習内容を、日々の暮らしや遊びを通して彼らが慣れ親しんでいる文脈なり状況に埋め込んでやるだけで、驚くほど楽々と、また目を輝かせて学び深めることができたりするのです。このことは改めて第五章で、オーセンティックな学習という主題との関わりでお話ししたいと思います。

非認知的能力の重要性と育成可能性

1　マシュマロ・テスト

非認知的能力の重要性を印象付けた研究に、コロンビア大学の心理学者であるウォルター・ミシェルが考案したマシュマロ・テストによる一連の研究があります。

マシュマロ・テストとは、主に幼稚園児を対象に、マシュマロやチョコレートなど、その子が大好きなおやつを一時的に先延ばしできるかどうかを手がかりに、自制心の高さをみる簡単なテストです。具体的には、子供をテーブルの前に座らせ、今すぐ食べていい一個のおやつと、一人きりで最長二〇分待てば食べることが許される二個のおやつ、さらに卓上ベルをテーブル上に置きます。子供は、いつベルを鳴らして一個のおやつを食べてもいいし、研究者が戻ってくるまで待ち、それまで席を離れたりおやつを食べ始めたりしていなければ、二個のおやつを手に入れることができます。

「そんな簡単なこと」と思われるかもしれませんが、子供たちにとっては実に過酷なジレンマ状況で、二個のおやつをゲットできたのは三分の一から四分の一の子供に過ぎません。

いや、何も幼い子供だからではなく、実は大人だって似たような状況で大いに苦労しています。たとえば、ダイエットや禁煙で悩んでいる人はたくさんいますが、誰も何もしないのにケーキやタバコがあなたの部屋にあるはずはありません。あなた自身がわざわざ買ってくるから、そこにあるのです。そんな余計なことさえしなければ、ダイエットや禁煙だって成功するのでしょうが、誘惑に負けてその余計なことをついやってしまうのが人間なのです。

そしてその一方で、昨日まであんなに甘いもの好きだったりヘビー・スモーカーだったのに、いきなりピタリとやめてしまえる人もいます。これが自制心であり意志力なのですが、マシュマロ・テストはそれを実に簡単な方法で的確に測定していたのです。

驚くべきは、幼児期にマシュマロに対する欲求を先延ばしにできたかどうかで、彼らの将来をかなり正確に予測できることでしょう。おやつを待てた子は待てなかった子に比べ、青少年期に問題行動が少なく、理性的に振る舞い、大学進学適性試験（ＳＡＴ）のスコアが二四〇〇点満点中、平均で二一〇点高かったのです。また、成人後の肥満指数が低く、危険な薬物に手を出さず、対人関係に優れており、自尊心が高いとの報告もあります。

四歳時点での自制心が大学入試の成績を左右したことに驚くかもしれません。しかし、今日やるべき宿題に帰宅後すぐに取り組める子と、ついつい誘惑に負けてテレビゲームを始めてしまう子の違いなのです。それが小学校入学以降、毎日のように繰り返され、さらに一二年間蓄積された結果、このような違いがもたらされたのです。

そして、先にも述べた通り、幼児期の教育はもっぱらこの非認知的能力の育成に心を砕いてきました。したがって、マシュマロ・テストの結果は、**非認知的能力の重要性とともに、幼児教育の質の重要性**をも私たちに訴えかけているのです。

実際、質の高い幼児教育の提供が、非認知的能力を介して子供たちの将来を大きく左右し、さらにそれが社会全体の治安や経済状況にも影響を及ぼすとの報告もなされています。教育経済学では、すべての学校段階の中で、幼児教育への社会的投資が最も効果的であると言われています。近年、先進国はもとより開発途上国においても幼児教育の拡充に力を注ぐ事例が増えているのですが、その背景にはこのような研究動向があるのです。

2 自制心は根性や気合ではない

ここで、「なるほど。では、明日から自分の子供におやつを我慢するよう厳しくしつけよう。そうすれば先々、学校の成績がよくなるわけだ」などと短絡的に考えてはいけません。おやつを我慢するという特定の行為それ自体を訓練しても、何の意味もないでしょう。そうではなく、子供自身が先々のことを考え、自身の行動について計画や見通しを持ち、また自らの意志に合致する方向で衝動的欲求や感情を制御できるということが大切なのです。

実際、マシュマロ・テストでおやつを先延ばしにできた子供たちは、様々な戦略を用いていました。手で顔を覆っておやつを見ないようにする、歌を歌って気を紛らわせる、自分の部屋にあるおもちゃのことを思い浮かべるなどが代表的なものですが、「待っていればクッキーが二個」とつぶやいては、何のために我慢しているのかを自分に再確認する子もいました。また、「このおやつが本物じゃなくて、写真だって考えてもいいですよ。額縁に入れちゃうんです」といったヒントを与えると、我慢できる時間が格段に長くなります。

つまり、自制心とか意志力というと、特に日本人はただただ根性や気合でがんばると考えがちですが、そうではありません。**自制心や意志力のかなりの部分は、スキルや方略なのです。**したがって、言葉を用いて論理的に、その考え方や具体的な手続きを教えることは可能です。ダイエットや禁煙をしようと意志を固めてもすぐに挫折するのは、意志が薄弱だからではありません。意志を実際の行為に結び付けるスキルなり戦略が身に付いていない、あるいは適切に発動できていないことが主な原因だと考えるわけです。

3　意欲も無気力も学習される

学校教育の歴史を振り返るならば、意欲や感情の自己調整能力など、いわゆる情意に関わるものについては学力に含めるべきではないとの主張がしばしばなされてきました。理由は様々ですが、主に次の二つに集約できるのではないかと思われます。

第一の理由は、意欲は生まれ持っての素質や性格に負うところが大きく、知識や技能のように誰しもが学習によって身に付けられるものではないから、学力に含めるのは適当ではないというものです。

第二の理由は、意欲は本人がそのように振る舞おうと思いさえすればただちにそうできるものであり、学習を要するものではないから、学力に含めるべきではないというものです。

興味深いことに、両者は本人の意志と意欲の関係において正反対の立場に立っています。第一の理由では、意欲は本人の意志ではどうにもならないと見なされているのに対し、第二の理由は、意欲を出すのも出さないのも、すべては本人の意志次第であると考えています。

ただ、両者は意欲が学習とは無関係であると考える点では一致しており、両者共にそれが意欲を学力に含めるべきではないとする主な根拠です。しかし、本当に意欲は学習とは無関係なのでしょうか。

一九七〇年代以降の動機付けに関する心理学研究は、意欲やその欠如状態としての無気力が、生得的でコントロール不能な感情状態でも、本人次第でいかようにもなる意志の作用でもなく、環境との相互作用の中で後天的に「学習」されるものであり、自分と自分を取り巻く環境に関する一種の認知がその中核をなしていることを明らかにしてきました。

たとえば、無気力は度重なる失敗などから「自分はいくらがんばってもうまくいかないんだ」という自己概念を帰納的に「学んだ」ことによって起こることが知られています。これを、学習性無力感（learned helplessness）と呼びます。近年深刻な社会問題となっている鬱病も、一部は学習性無力感によって生じていると考えられるようになってきました。

ならば、努力の有効性を学び直させれば無気力は改善されるのではないか。このような考え方に立って、キャロル・ドウェックは極端に無気力と診断された八歳から一三歳までの子供六名を対象に、再帰属法と名付けた二五日間のプログラムを実施しました。

子供たちは放課後に一五セットの算数の問題を解くよう求められますが、合格基準が決められており、毎日二〜三セットは基準に到達できず失敗を経験します。失敗に対し教師は、あとどれだけ解けばよかったかを告げ、さらに失敗の原因は努力が足りなかった点にあり、気持ちを集中し努力すべきだと諭します。そして、気を取り直して努力した次のセットでは成功するという経験が繰り返されました。

プログラムの背後には、無気力な子供は失敗の原因を能力不足に求めがちなのに対し、意欲的な子供は努力不足に求めるという知見があります。このような個人の認知傾向を原因帰属といいますが、先の手続きは能力帰属から努力帰属へと子供たちの原因帰属を変容させた上で、実際に自身の努力の有効性を繰り返し経験させるものだったのです。

プログラムの結果、子供たちは粘り強さを身に付け、失敗に直面してもあきらめたり混乱することなく挑み続けるようになり、成績も大きく改善されます。

このように、意欲は原因帰属のような認知の影響を受けており、認知は言語や経験を介した学習により形成や変容が可能です。つまり、**意欲は十分に教育的な育成や改善の対象となる**のであり、むしろ学力論の中に正当に位置付け、その子が質の高い問題解決を成し遂げられるよう適切に育むことが望まれるのです。

さらに、子供たちが自身の意欲や感情をその意識的制御の下に置けることに気付き、実際に制御する術としての自己調整能力を身に付けることで、日々の生活を思慮深く穏やかに、また溌剌《はつらつ》と送ることができるならば、こんなにいいことはないでしょう。本来、学校教育はそれくらいの豊かさを潜在させていますし、今回の改訂は資質・能力を基盤とした教育により、それを可能性に終わらせることなく、現実のものにしようとしているのです。

マインドセットとメタ学習

1　二つのマインドセット

成功や失敗の原因を何に求めるかという原因帰属や、自身の努力が望む結果をもたらすのに有効であるという自信は、いわば個人の主観的な思い込みであり、一種の信念なのです。しかし、時にこの信念が客観的な状況以上に意欲や感情、さらには実際の行動や成績までをも大きく左右することが次第に明らかとなってきました。

近年、注目を浴びているものに、先に紹介したドゥエックのマインドセット（mindset）という考え方があります。その名の通り、心の在り方ですから、これもまた信念の一種です。

学習や達成を巡る子供の心理には、原因帰属でも登場した努力と能力の二つが大きな役割を果たしています。小学校低学年の子供に「がんばる子」と「かしこい子」について尋ねると、がんばる子はできることがどんどん増えていくから、だんだんとかしこい子になる、なので、がんばる子がかしこい子だと考えていることがわかります。

つまり、努力と能力は同じ方向を向いており、努力によって能力は常に、そしてどこまでも変化・成長し続けられるというわけです。ドウェックは、この成長的な能力概念を基盤とする見方を、成長的マインドセット（growth mindset）と呼びました。

一方、中学年くらいから徐々に、同じ成績を取ったとすれば、よりがんばらなかった子の方がかしこい子であると考えるようになります。この考え方では、努力と能力は逆方向を向いています。これは、能力の捉え方、能力概念が違ってきているからなのです。

つまり、能力とは生まれながらにしてその限界が運命的に定められており、何をしても一生涯変わることのない、いわばキャパシティであるとみているのです。すると、同じ成績であれば、努力すればするほど能力が低いことを自分にも他人にも証明してしまいます。ドウェックは、このような固定的な能力概念に支配された見方を、固定的マインドセット（fixed mindset）と命名しました。

固定的マインドセットは、他者との比較や反比例的な見方などの認知能力が発達したからこそ獲得できた、その意味で高度で精緻な概念なのですが、様々な副作用をもたらします。そこでは、物事に取り組むのは理解や上達のためではなく、自身の能力の高さを自分と他人に誇示するためです。テストで悪い点を取る、試合に負ける、友達とうまくいかないなどのつまずきは、すべて能力が低い証拠となり、ただちに失敗を意味します。したがって、少しでもそうなりそうな気配を感じると、不安を感じ、消極的で防衛的になります。過敏なまでの他者との比較や、そこから生じるねたみやそねみ、あるいはあざけりや侮蔑といった負の社会的感情も、同様の心理がもたらすものです。

また、なるだけ努力しないで成功すれば、それこそが優秀さの最もよい証明ですから、努力は基本的に忌まわしいものになってしまいます。テストや試合の前日にわざと勉強や練習をさぼったり、せっかく勉強をがんばっているのにそれをひた隠しにする中学生の心理の背後では、このメカニズムが働いているのです。

一方、発達的にはより幼い成長的マインドセットも上書きされたり消えるわけではなく、大人の心の中にも残っています。マインドセットは一種の思い込み、信念ですから、いずれのマインドセットがその人の日常生活で優勢になるかには個人差が生じがちです。

成長的マインドセットが優勢な人は、固定的マインドセットに縛られている人とは、まったく異なる精神世界を生きています。物事に取り組むのは、何かしら新たなことの理解や上達のためです。なので、自分が大切だと思うものを本気で追究しないこと、可能性を十分に発揮しないでいることこそが失敗になります。懸命に取り組む途上で生じたつまずきは、むしろ今後どうすべきかを教えてくれる有益な情報源であり、一時的にはがっかりするかもしれませんが、決定的な失敗とは考えません。

また、努力こそが人をかしこく、有能にしてくれますから、わざと努力を差し控えたり、いわんや隠したりはしません。また、他人の努力や成功を素直に賞賛し、共に喜ぶことができます。他人の成功は、自分がどうすべきかにヒントや勇気を与えてくれる参考事例であり、およそネガティブな感情とは無関係なのです。

賞罰や競争のための手段として学ぶことを外発的動機付け、学習内容や学ぶ過程それ自体を目的として学ぶことを内発的動機付けといいますが、すでにお気付きの通り、固定的マインドセットは外発的動機付けを、成長的マインドセットは内発的動機付けをもたらします。つまり、意欲の高低もさることながら、意欲の質がすっかり異なるのです。

このように、いずれのマインドセットが優勢になるかによって、「学びに向かう力・人間性等」は一八〇度違ってきます。言うまでもなく成長的マインドセットの方が好ましく、両者の違いは日々の教室での振る舞いや仲間との関係性、経験する感情や形成される自尊心、そして従来型の成績はもとより、学び取られる知識や技能の質にまで及ぶでしょう。

そして、原因帰属などと同様にマインドセットも主観的な思い込み、個人の信念ですから、適切な教育的働きかけや環境の提供により修正、誘導、形成が可能です。

がんばってもがんばってもできない、わからない経験や、いつも他人との比較で評価される経験は、固定的マインドセットを優勢にしがちです。気を付けたいのは、成功時にその子のよさを認め励ます意図で「頭がいいね」「優秀だね」と能力に焦点を当てた褒め方をすることが、固定的マインドセットへの引き金になりかねないことでしょう。こちらは認め励ましたつもりであり、実際その時は子供もうれしく誇らしいのですが、同時に「もし、次回も引き続き成功できなければ、それは頭が悪いことの証拠である」とのメッセージをも、子供は無意識のうちに受け取っているのです。

これとは逆に、**がんばりに応じて望む結果が得られたという経験や、他人との比較ではなく、以前の自分と比べて伸びた部分が評価される経験、成功に対してはそれをもたらした努力に焦点を当てて賞賛すること**などが、成長的マインドセットを活性化します。

その意味では、平成一〇年の学習指導要領改訂以降、段階的に教育評価の在り方が改善され、豊かさを増しているのは望ましいことでしょう。かつては教育評価といえば、他人との比較に焦点を当てる相対評価が主力でした。それが学習内容を拠り所とする基準準拠評価へ、さらに個人内評価や目標にとらわれない評価をも取り入れ、多面的な視点でその子ならではのがんばりを意味付け、賞賛していく評価システムへと徐々に移行してきたのです。この動きを上手に活かし、子供たちが成長的マインドセットの下で学ぶようにしたいものです。

2 第四の次元としてのメタ学習と省察

今回の改訂では、育成すべき資質・能力を三つの柱に整理しています。一方、ＯＥＣＤとも深い関わりがあるＣＣＲ（Center for Curriculum Redesign）が二〇一五年に提示したモデルでは、三つの柱の「知識・技能」「思考力・判断力・表現力等」「学びに向かう力・人間性等」にそれぞれ対応する、知識（Knowledge）、スキル（Skills）、人間性（Character）に加え、四つ目の次元としてメタ学習（Meta-Learning）を位置付けています（図５）。

メタとは「上位の」という意味ですから、メタ学習とは学習という営みに関する学習や、その成果として獲得され機能している知識や技能ということになります。ＣＣＲのモデルでは、「どのように省察（reflection）し、どのように適応するか」と説明され、具体的な要素としてはメタ認知と成長的マインドセットが挙げられています。

「省察」はＯＥＣＤの議論でも、常に学力論の中核というか基底をなす最重要の要素として位置付けられてきました。それは、自分が進めている学習が今どうなっているのかをもう一人の自分が正確にモニターし、時に立ち止まって、このままでいいのか、どうすればよりよくなるのかと問い直し、あるいはどんな意味や価値があるのかを振り返るといった、慎重

図5　CCR が提唱する教育の四つの次元

※ C. ファデルほか『21 世紀の学習者と教育の 4 つの次元─知識、スキル、人間性そしてメタ学習』岸学（監訳）関口貴裕・細川太輔（編訳）東京学芸大学次世代教育研究推進機構（訳）北大路書房、2016 年を一部改変

で思慮深い俯瞰的思考を可能とする能力であり、態度や習慣です。

この省察を基盤としたメタ学習を、三つの柱では「学びに向かう力・人間性等」に属するものと考えています。このことからもわかるように、「学びに向かう力・人間性等」は、ほかの二つの柱と比べれば情意的な色彩がより強い学力側面と言えますが、**それでもなお認知や思考や知識を足場に形成されています。**したがって教育的に育成が可能であり、また育成すべきであり、だからこそ学力論の中に正当に位置付け、評価の対象ともしていくわけです。

3 メタ認知

メタ学習の要素のうち、成長的マインドセットについてはすでにお話ししましたので、もう一つの要素であるメタ認知について見ておきましょう。

学習とは、ただ本を開いて、話を聞いて、その内容を理解するとか覚えるだけの活動ではありません。自分にとって適切な目標を設定し、それに照らして妥当な学習計画を立案、遂行し、目標と現状との関係を吟味し、必要があれば計画を修正するといった、複雑な制御過程を伴うプロセスです。このような制御をつかさどる認知過程がメタ認知なのです。

メタ認知には二つの要素があります。一つは、自分の学習過程をもう一人の自分が時々《じじ》刻々《こっこく》モニターし、状況に応じて制御する認知スキルで、**オンライン・モニタリング**といいます。本を読んでいる時にうまく読めているかどうか、うまく読めていないならばどこでわからなくなったかを常時監視し、さらにどうすべきかについて適切な判断が下せる能力です。

もう一つは、自身の認知的なリソースに関する知識で、**メタ知識**と呼ばれます。自分が何を知っているか、何ができるかに関する知識であり、英単語を一日にいくつなら覚えられるかなど、学習能力に関する判断もメタ知識の正確性に左右されます。これが不正確だと、無理な目標設定をしていたずらに失敗を繰り返し、意欲を低下させる元にもなります。

メタ認知が高い子は、新たな領域を一から自力で学び進めることができ、熟達化する速度も速いことが知られています。それは彼らが、自身の学習過程をオンライン・モニタリングしながら着実に学習を進められるとともに、所有する領域固有知識を正確かつ自覚的に把握しており、それらを必要に応じて効果的に活用できるからです。

その領域に固有な知識をほとんど持たない、その意味で初心者でありながら、手際よく新しい領域の学習を進め、優れた問題解決行動を示す人を「知的な初心者」と呼びますが、メタ認知はその中核をなす能力です。学校は日々新たな学びを子供に求める場であり、子供は常に、そして繰り返し初心者となる運命に置かれています。したがって、**子供を知的な初心者へと育て上げることは、学校教育における最重要の課題**と言えるでしょう。

正解のない時代へのQ

?これからの社会では、
本当に機械が仕事を奪っていくのでしょうか?

?だとしたらこれから必要な人材とは、
どんな人のことでしょう?

?学校はそのような社会の実現に、
どう関わっていけばいいのですか?

第3章

知識基盤社会と社会に開かれた教育課程

農業社会から産業社会へ

1 産業革命と教育

第二章で見てきた通り、資質・能力やそれを基盤とした教育の考え方それ自体は、学習と知識に関する近年の科学的研究から自ずと導き出されるのですが、それらの今日における世界的活況の背景には、さらに社会的な要因が深く関わっています。それは、工業によるものの生産を礎とした産業社会（industrial society）から、**知識の創造と活用が駆動する知識基盤社会（knowledge-based society）へという社会構造の世界史的一大転換**です。

しかし、知識基盤社会の到来が持つ意味を考えるには、その前に位置する産業社会とは何だったのか、それは教育にどのような影響を与えてきたのかを、まずは明らかにする必要があります。かくして、話の舞台は一旦、一八世紀にまで遡ります。

一八世紀イギリスに端を発する産業革命は、それまで永く続いてきた農業社会から産業社会への移行をもたらしました。農業社会では、気まぐれな自然に翻弄される不安定な状況下での生産・労働を余儀なくされましたが、だからこそ人々は身の回りで生じるすべての出来事に注意を払い、思慮深く考えを巡らせ、よりよい在り方を求めて常に工夫を怠らず、またお互いに協力して日々の生活や仕事の改善・創造に当たっていたのです。

一方、産業社会は人為に基づく計画的で安定な生産・労働環境をもたらしましたが、同時にもはや自分の才覚をかけての工夫を求められも認められもしない在り方へと、人々の精神を導く契機ともなりました。産業社会は、それを可能とした産業機械のように、単純で定型的な労働を淡々と遂行できる能力と心性を人々に強く求めたのです。

2 ペスタロッチの夢

この農業社会から産業社会へという社会構造の変化と、それが子供の教育環境に与えた影響を巡り、一八世紀から一九世紀にかけて活躍した教育学者のペスタロッチは、教育小説『リーンハルトとゲルトルート』の中で、登場人物に次のように語らせています。

「昔はすべてがずっと単純で、食べてゆくには百姓仕事だけでよかったのです。そうした暮らしでは、学校などいらなかったのです。百姓にとっては家畜小屋や籾打ち場や木や畑が本当の学校だったのです。そして彼の行くところ立ち止まるところ、至るところにたくさんの為すべきこと学ぶべきことがあって、いわば学校なんかなくても、立派な人間になれたのです。だが今の糸紡ぎの少年たちや、座業やその他、型にはまった仕事でパンをかせがねばならない人たちの場合には、事情はすっかり違っているのです。（中略）

貧しい木綿職人たちはどんなに収益が増え、どんなに保護を受けても、永久にその仕事からは腐敗した肉体と貧しい老齢の他に得るものは何もないでありましょう。そして領主様よ、腐敗した紡ぎ屋のおやじやおふくろが、そのせがれを、秩序のある、思慮深い生活者に育て上げるなどということは出来るはずもありませんから、結局残るところは、木綿紡ぎが続く限り、この人たちの家政の貧窮を続かせておくか、それとも学校で、こうした家の子供たちに、その両親からはもう受けられなくなっているが、しかし絶対に必要欠くべからざるところのものを両親に替って与えるような施設をつくるか、二つに一つしかございません」。

ペスタロッチはこのように訴え、産業革命がもたらした劣悪な教育環境に対応するには、生活教育に取り組む学校の建設によって、農業社会が内包していた教育機能を取り戻すしかないと結論付けました。

このアイデアは、ルソーの『エミール』に端を発するもので、それをペスタロッチが発展させ、さらにフレーベルやデューイに受け継がれていきます。そして、世界各地で草の根の実践運動として展開し、日本でいえば、大正自由教育から戦後の新教育を経て、今日の生活科や総合的な学習の時間にまで連なる壮大な流れの基底にある考え方なのです。先に紹介した奈良女子大学附属小学校の取り組みも、この教育思想の系譜から生まれました。

しっかりと地に足をつけて人生を歩み、あるいは自身が主体となって、同じく主体である多様な他者と協働しながら、よりよい生活＝社会を創造していく。そんな**学びと暮らしが渾然一体となった活動**を中心とした学校教育、それが生活教育です。今日の生活科や総合的な学習の時間は、この生活教育を、近代科学を基盤とした各教科との有機的なつながりを図りながら共存・共栄させようとの試みと言っていいでしょう。

もっとも、ペスタロッチの時代に生まれてくる新たな学校の主流となる流れ、それこそが今日の学校にまで連なる近代学校なのですが、それは産業革命によって失われたものを回復する方向ではなく、産業革命がもたらした社会構造をさらに先へと推し進めるような学校でした。そして、そこで採用された原理こそが内容中心の教育だったのです。

3 アダム・スミスの懸念

今日ごく普通に学校と呼び習わしている教育機関は、単純で定型的な労働を淡々と遂行できる能力と心性という、まさに産業社会の新たな要請に応えるべく、近代というこの新たな時代のただなかに生まれてきたものにほかなりません。

そこでは、大人社会が定めた現状における**「正解」の量的蓄積とその型通りの運用**を徹底することが中心的課題となります。自らの意思で工夫や創造を試みたり、いわんや疑問を差し挟んだりすることは、時に疎んじられこそすれ、あまり歓迎はされません。教師に質問を繰り返したがゆえにわずか三か月で放校処分となったエジソンの逸話は、このような近代学校に独特な風土をよく象徴しています。

興味深いのは、社会的分業を唱え、資本主義経済社会の理論的基盤を生み出したとされる当のアダム・スミスもまた、この危険性に気付いていたことでしょう。彼は『国富論』の第五編第一章において、次のように指摘しています。

「分業が進むとともに、労働で生活している人、つまり大部分の人の仕事は、ごく少数の単純作業に限定されるようになり、一つか二つの単純作業を繰り返すだけになることも多い。

そして、大部分の人はかならず、日常の仕事から知識を獲得している。ごく少数の単純作業だけで一生をすごし、しかも作業の結果はおそらく、いつも同じかほとんど変わらないのだから、難しい問題にぶつかることもなく、問題を解決するために理解力を活かしたり、工夫をこらしたりする機会はない。このような仕事をしていると、考え工夫する習慣を自然に失い、人間としてそれ以下になりえないほど、愚かになり無知になる。頭を使っていないので、知的な会話を楽しむことも、そうした会話に加わることもできなくなるだけでなく、寛大な感情、気高い感情、優しい感情をもてなくなり、私生活でぶつかるごく普通の義務についてすら、多くの場合に適切な判断をくだせなくなる」。

経済学者としてのスミスは、社会的分業は必要であり有益だと考えましたが、同時に倫理学者でもあった彼は、それが人々の精神にもたらしかねない危険性について誰よりも敏感であり、大きな懸念を抱いていました。残念ながらその懸念は、その後の二〇〇年において、少なからず現実のものとなったと言っていいでしょう。

産業社会から知識基盤社会へ

1　要素的な知識・技能の価値の低下

そして、今や社会構造は再び転換期を迎えています。**知識基盤社会の到来です。**

最も基底的な変化としては、デジタル技術や人工知能に関わる技術の進歩、それらを反映した情報機器の普及があります。これにより、まずもって要素的な知識・技能の単なる所有は陳腐化し、その価値は著しく低下しました。

かつては、夜の一〇時にわからないことがあったら、翌朝一〇時に図書館が開くまで手も足も出ませんでした。なので、どんな些末な要素的知識であっても、それを頭の中に所有していることは、常にそれなりの実際的価値があったのです。

しかし、現在では何時であろうが、どこにいようが、パソコンやスマートフォンを開くだけで、ものの三〇分もあれば膨大な情報を手に入れられます。むしろ今必要なのは、そうやって手に入れた**情報の信頼性や妥当性を正確に判断するための知識や技能であり、膨大な情報の中から自身の目的に合ったものを的確に選び出し、組み合わせ、そこに独自な意味を創出し、さらに相手に合った手法で表現する能力**でしょう。

技能にも同様のことが起こっています。

四〇年以上前、私が中学生の時に、母親に「今日の夕方に電気屋さんが電卓を持ってきてくれるから、どの電卓がいいか一緒に選んでほしい。ついては、部活を休んで早く帰ってきなさい」と頼まれたことがあります。今日の感覚では、ガソリン代を使って電気屋さんが電卓を売りにくるあたりからすでに笑い話ですが、当然のこととして私は早く帰宅し、真剣な面持ちで何台かの電卓の中から一台を選びました。四則演算にルート計算くらいしかできませんでしたが、六五〇〇円ほどしましたから、今でいえば数万円の買い物でしょう。当時は普通の家庭に電卓などなく、母親の実家が商売をしていた関係で思いきって買ったのです。

つまり、四〇年前の時点では、計算が速く正確にできることそれ自体に数万円の実際的価値があったのです。もっと昔は、さらに価値が高かったでしょう。そろばんの腕前によって、奉公に出る先が違っていたという話もあります。

しかし、現在はどうでしょう。多位数の計算が速く正確にできることそれ自体には、ほとんど何の価値もないのではないでしょうか。かつては、計算ができないと買い物で困るからと言って引き算を教えたりしたものですが、もはやお店の人でさえ計算はおろか値段の打ち込みさえしていません。スーパーのレジ係の技術を競うコンテストがあり、かつてはレジ打ちの速さと正確さを競ったのですが、今はバーコードで処理するので、接客対応のにこやかさや言葉遣いなどが重要な評価項目になっているといいます。

もちろん、計算技能の学習に関わって、十進位取り記数法の構造やそのよさに関する理解は引き続き重要ですし、むしろそのような概念的把握や意味理解にこそ、今後は時間をかけるべきでしょう。第五章で詳しくお話ししますが、**ドリルをどこまで減らせるかが、これからの学習指導における重要なテーマであると**、私は本気で考えているのです。

2 「型にはまった仕事」が機械に取って代わられる

さらに、人工知能とロボティクスの発展は、産業社会において大量の労働力を動員していた分業下での定型労働、ペスタロッチが「型にはまった仕事」、アダム・スミスが「単純作業」と呼んだものの多くを機械化し、労働需要そのものを消し去りつつあります。

私自身、航空券の予約も本の購入も、気が付けば人を介することなく、万事オンラインで済ませています。そういえば、毎月少なくない本とＣＤを買っているにもかかわらず、もう長く本屋にもＣＤショップにも行っていません。それどころか、かつてレコード屋と呼ばれた店舗を指し示すＣＤショップというこの呼び名も、いつまで使われるのでしょう。

目下における一番ホットな話題は、クルマの自動運転です。これが実現すれば、労働市場の在り方はもとより、流通の仕組みやコストが今とはすっかり違ってきます。

あるいは、画像転送技術がさらに進展し、現在のテレビ会議のような貧弱なものではなく、あたかもそこに人がいるかのようなイメージを現出できるようになったなら、会議や打ち合わせ、そのための出張が激減するとの予測があります。すると、増加の一途を辿ってきた新幹線や航空機の需要、さらには外国人観光客の増加により慢性的な不足が問題になっているホテル需要も、少なからず影響を受けるでしょう。もちろん、関連した仕事は激減することになります。

このような予想はあくまでも予想ですから、実際に変化が起こるのか、起こるとしてもいつ頃なのかは、予断を許しません。しかし、確実に時代は一定の方向に変化しています。

そして、**どの変化もが共通に不要だとしているのは、「何を知っているか」に対応する要素的な知識・技能の単なる所有や習熟であり、共通に求めているのは、「どのような問題解決を現に成し遂げるか」を支える資質・能力**なのです。

3 魅力的なオマケが莫大な富を生む時代

産業社会と知識基盤社会では、そもそもの生産の在り方それ自体が大きく異なります。

高度経済成長期、人々はみな同じものを欲しがっており、しかもまだまだ隅々にまで行き渡ってはいませんでした。この状況を受け、家電メーカーも自動車メーカーも、その開発や生産の方針は明確でした。基本性能に優れて品質が高いものを、できるだけ安く大量に造ることがすべての企業に共通するミッションであり、これらを基準に競い合っていたのです。

しかし、次第にテレビもエアコンもクルマも行き渡り、基本性能の優秀さだけでは消費を喚起できなくなっていきました。さらに、開発途上国の工業化が進み、まずは白物家電、続いてテレビやパソコンについても、基本性能や品質では日本製とそう遜色のない商品を、圧倒的に安く供給するようになってきたのです。

かくして、国内外の他社との差別化を図るべく、持てる技術を基本性能以外の付加価値や新たな独自機能の実現に振り向ける戦略を、先進国の企業は採るようになりました。競争の基準が、すっかり変わってしまったのです。

少し前のことになりますが、あるメーカーのスマートフォンの新機種が出た時に、朝から三時間並んで買ってきたという学生が、午後のゼミの時に手に入れたばかりのスマートフォンを見せてくれました。彼女が興奮気味に「先生、これスゴイんですよ。前の機種とは全然違うんです」と言うので、どう違うのかを説明してもらったのですが、いくら聞いてもどうもよくわかりません。さらに驚いたことに、わずか一年半ほど前に出た以前の機種も彼女は持っていて、見た目はまったく同じなのです。

そこで、「どっちのスマートフォンでも電話もできれば、メールもできるんでしょ」と尋ねたところ、彼女はすっかりあきれて目を丸くし「先生、これは最新のスマートフォンなんですよ。電話ができるとかメールができるなんてことは、このスマートフォンにとってはオマケみたいなものです」と言い放ったのです。

「いやいや、これはスマートフォン、つまり電話なんだから、その基本機能であるはずの電話がキチンとできることは、どう考えてもオマケじゃないでしょう。むしろ、さっきからあなたが熱弁してくれている、電話に付いているカメラの画像が少々キレイになったとかいうことの方が、大いにオマケなんじゃないの」と言ってみたんですが、もちろん彼女はもとよりゼミ生の誰一人からも賛同を得られません。そして、ある学生がこう言ったのです。

「じゃあ、先生がクルマを買い換えるとして、ディーラーの人が『このクルマはしっかり走って、曲がって、止まれます』って言ったら、先生はそのクルマを買いますか」。

なるほどね。それじゃあ私も買わないでしょう。今だったら「次は自動ブレーキくらいは欲しいかな」と考えるわけですが、思えばそれはクルマの基本性能という視点から見れば一種の付加価値、オマケなのかもしれません。

さらに興味深いのは、当初はオマケ感満載だった自動ブレーキが、いつの間にかクルマに必須の機能という社会的コンセンサスを得つつあることです。すると、「やっぱり次は自動ブレーキが付いていないと」という気持ちに多くの人がなってしまうでしょう。そして、まだまだ乗れるクルマを、ついつい早めに買い換えてしまうのです。いや、そうしてくれないと、日本車なんて丈夫ですから、いつまでも乗れてしまう。それでは、メーカーは困るわけです。

つまり、高度経済成長期に育った私たちの世代にしても、すでに基本性能や品質でものを買ってはいません。あるいは、基本性能だけを求めるのであれば、できるだけ安い機種を探すでしょう。いずれにせよ、高度経済成長期とはすっかり購買行動が変化しているのであり、企業の開発や生産の在り方も、かつてとはまったく違ってきているのです。

しかも、学生が見せてくれた新旧二種類のスマートフォンは、見た目は瓜二つであり、多分材料費や工賃もそれほど変わらないでしょう。なのに古い、といってもわずか一年半前には新製品だった商品が、今や型落ちということで新機種の半値にも満たない値段になっていました。この章の冒頭で、知識の創造と活用が駆動するのが知識基盤社会だと書きましたが、まさにその通りで、今やアイデアとイノベーションこそが富の源泉です。商品の価格は材料費と工賃で決まると考える古い経済学は、とうの昔に退場させられていたのです。

このように、企業は商品開発に際して、他社との差別化を図るべくマーケットの潜在的要求をいち早く察知しては具体的な形にし、あるいは斬新な提案によりマーケット・ニーズを創出する必要に迫られています。そこでは、大胆な発想の下、在来の知識を組み合わせ、あるいは活用してイノベーションを起こせるか否かが、企業の命運を分けるのです。

高度経済成長期の企業には、どのような商品がよい商品かを巡って、いくつかの「正解」がありました。しかし、**今や唯一絶対の正解など、どこにもありません**。人々はその状況における**最適解をその都度自力で、あるいは多様な他者と協働して生み出すしかない**のです。

もはや経済社会は、単純で定型的な労働を淡々と遂行できる能力や心性を持ち合わせた人材など求めてはいないでしょう。第二章でも検討した通り、質の高い問題解決に領域固有知識は不可欠なのですが、それがＢ問題レベルにすら使えない質の知識であったなら、何の意味もありません。かくして、産業社会を前提に登場し発展してきた学校教育は、内容中心から資質・能力育成へと、その原理を大きく転換することを余儀なくされているのです。

4 「いつかはクラウン」

正解がないのは、何も企業活動だけではありません。定型労働の上で安定して営まれてきた企業活動の流動化は、そこで働く人々の人生航路の流動化をもたらします。

世界的には一九八〇年代、日本ではバブル景気の影響でやや遅れて一九九〇年代に始まった終身雇用・年功序列賃金体制の崩壊は、就業における流動性を一気に高め、もはや転職は当たり前となりました。このことが「石の上にも四〇年」的な就労イメージ、会社への帰属意識や忠誠心の低下を生み出します。そして、入社した会社で生涯企業戦士としてがんばり続けること、賃金や肩書きの上昇を証しとした成功を遂げ続けることが唯一絶対の幸せであるという**社会的に共有されてきた「大きな物語」に、人々は深い疑念を抱き始めるのです。**

一九八〇年代のトヨタ自動車のキャッチコピーに、「いつかはクラウン」というのがありました。当時のトヨタの乗用車は、大衆車のカローラから始まって、コロナ、マークⅡ、そして最高級車のクラウンという四階層のラインナップとなっていました。そして、これは私の親の世代の何人かに話を聞く中でみえてきたのですが、まずはカローラを買い、係長なり課長に出世したらコロナに乗り換え、部長でマークⅡ、役員や社長になったらクラウンというイメージを多くの人が抱いていたらしいのです。つまり、会社の職位に代表される社会経済的な地位に応じて、乗るべきクルマがなんとなく決まっていたわけです。

すると、「いつかはクラウン」とは「いつかは社長」ということを意味します。テレビコマーシャルとしては少し前のバージョンになりますが、三〇代とおぼしき青年実業家風の人物が、出身大学のサークル合宿に昨夜届いたばかりの新車のクラウンで乗り付けるというストーリー仕立てのものが、最もその趣旨をうまく表現しています。

クラウンの所有者は颯爽とドライブしながらも、自分が他人にどう見られているかを非常に気にしています。そんな所有者に対し、絶妙のタイミングで後輩の女子大生が「お似合いですよ、先輩」と声をかけます。年齢不相応に早い出世を遂げた彼は、その出世に応じたクルマであるクラウンを買ったものの、それが世間にどう映るかに一抹の不安を抱いていたのですが、後輩の一声で不安は払拭され、満面の笑みがこぼれるというわけです。

コマーシャルは視聴者に、あなたも出世を目指してますます努力しなさい、そうすれば彼のように若くしてクラウンに乗れ、世間からも賞賛されますよ、とのメッセージを伝えています。終身雇用・年功序列賃金体制の崩壊を目前にしていた一九八〇年代に、長らく信じられてきた「大きな物語」の実相を見事に表現した、傑作コマーシャルと言えるでしょう。

もっとも、この映像を今の学生に見せると、彼らはゲラゲラ笑います。どんなクルマに乗ろうが、そんなこと誰も気にしないし、クルマのような実用品がその人に似合っているかどうかという感覚自体が、何とも滑稽だと言うのです。会社の職位によって乗るクルマが決まってくるなどというのは、まったくもってクレイジーだと言う学生もいました。

いやいや、当時はそんなものではありません。かつて中小企業の社長だったという人は、マークⅡを何台も乗り継いだといいます。「どうしてクラウンにしなかったのですか」と聞くと、「うちみたいな小さな会社の人間が、取引先の大手にクラウンなんかで乗り付けようものなら、生意気だって思われて、仕事をもらえなくなるから」と真顔で答えてくれました。

5 「抑圧」と「安定」から「自由」と「不安」のセットへ

いやはや、何とも不自由で抑圧的な時代でした。と同時に、その規範に従って生きてさえいれば、万事スムーズに人生を送れる時代、その意味で安定な時代でもあったでしょう。

一方、「いつかはクラウン」に象徴される「大きな物語」が雲散霧消した後、人々はその呪縛から離脱して、自身の幸せを闊達に追求できる自由を手にしました。中小企業の社長はもちろん、新入社員だってクラウンを買ってもいいのです。

しかし、この大いなる自由が、人々を底知れぬ不安に陥れることになります。あなたはどう生きてもいい。しかし、**あなたが幸せになれるかどうか、それ以前に何があなたにとって幸せなのかは、あなた次第である。**すべての人に妥当する唯一絶対の正解がある、逆にいえば正解にすべての人が縛られていた産業社会から、正解がない、あるいは何が自分にとっての正解かは各自で選ぶなり生み出すしかない知識基盤社会への移行は、個人の生き方にも、このような圧倒的なまでの変化をもたらしたのです。

ここで、「社会の慣習や会社の方針に縛られず、好きなように生きられるのは大歓迎です。できれば、その上で十分な収入と安定した生活を保障してほしい」などと言う学生がいますが、残念ながらそんな虫のいい話はありません。産業社会は「抑圧」と「安定」のセットからなる社会であり、**知識基盤社会は「自由」と「不安」のセットからなる社会**なのです。

永い歴史を振り返ると、実は産業社会も決して安定ではなかったのですが、日本では高度経済成長のイメージが強く、がんばりさえすれば着実な見返りが保障される社会との観念を抱く人が多いのです。しかし、そこには強力な抑圧が働いており、自分らしい生き方をあきらめざるを得なかった人も数限りなくいたことを忘れてはいけません。

もっとも、いずれが好ましいかを論じるのは、もはや意味がないでしょう。すでに「抑圧」と「安定」のセットを選択することは不可能なのです。しかし、それはかつて望んでも「自由」と「不安」のセットを手にすることが困難であったのと同様でしょう。

そして、かつて人々は何よりも自由を切実に希求しました。この事実を忘却することは、これからの時代をどう生きるか、そのためにどのような教育を実施すべきかを大きく見誤らせることにもなりかねないと、私は強く思います。

今は不安な社会ですが、自由な時代でもあります。大切なことは、**この自由を主体として適切に行使し、不安に負けることなく自らの手で納得のいく日々を着実に生み出し続けること**でしょう。もちろん、それは自分さえよければいいということではありません。次に見るように、時代はすでに、多様な他者との協働・共生を要請しています。したがって、そこまで含めての問題解決ができる資質・能力の育成がすべての子供たちに不可欠であり、資質・能力を基盤とした教育が、この観点からも強く要請されるのです。

6　市民としての生き方と教育

さらに職業人、個人に加え、市民としての生き方という意味でも、時代は資質・能力を基盤とした教育を切望しています。今や私たちの目前には、環境問題、食料問題、資源・エネルギー問題、平和と人権、貧困と格差を巡る問題など、国境を超えての力強い連帯と賢明な調整を不可避とする、やはり正解のない難問が山積しています。

もはや、世界の歴史は先進工業国家が産業革命以来続けてきた奔放で競争的な開発を許さない段階へと突入しており、持続可能な開発を新たな原理とする教育、いわゆるＥＳＤへの移行は不可避です。そこでは、**一人一人が自立した個人として、同じく自立した個人たる多様な他者と協働し、よりよい社会の在り方を不断に求め続ける中で新たな知識を生み出し、地球規模で流動する状況の変化に創造的に対応していくこと**が求められるでしょう。

また、一九八九年のベルリンの壁崩壊は、数十年間に渡って人々が政治的、社会的判断の拠り所としてきた東西両陣営による二つの社会正義の対立という、時に危険ではありましたが明快で安定でもあった世界秩序を無に帰しました。かくして、人々はその日を境に巨大な不安を背負い込まざるを得なくなりますが、それは対立図式の呪縛から私たちの意識が解放された、記念すべき日でもありました。

どのような市民社会建設を目指すべきかを、私たちはすべてがイデオロギーの影響を受けていた一九八九年以前とはすっかり異なる地平で闊達に思考し議論できる、少なくとも可能性だけは手にしています。それを単なる可能性に終わらせるか、それともわずか一歩でも具体的な歩みを前に進めることができるかは、人々がこの課題に向けて繰り出すことのできる資質・能力に大きく依存するに違いありません。ここにも、時代が資質・能力を基盤とした教育を待望する理由があります。

社会に開かれた教育課程

1 教えるべき正解を失った学校

以上見てきたように、知識基盤社会は産業社会とは異なり正解のない社会です。私たちが正解だと思い込んできたものの多くは、もちろん一定の価値ある情報ではあるのですが、その習得が人生の行く末や社会の在り方をただちに導いてくれるほど、頼りになるものではなかったということでしょう。しかも、技術革新により、情報の多くはわざわざ頭の中に貯め込んでおかなくても、いつでも簡単にアクセス可能となりました。

かくして、産業社会を支えるべく、もっぱら正解を教えることに邁進してきた学校は、教えるべき正解を失います。というか、そもそも人生の切り拓き方なり社会創造の向かう先に、正解などなかったのです。それは、産業社会という社会構造においてのみ頼りになる正解、いわば賞味期限付きのものでした。そして、もはや賞味期限は過ぎています。

そんな状況の中で、学校に残された唯一の道は、その教育原理を内容中心から資質・能力を基盤としたものへと転換し、新たな存在として再生することでしょう。そこでは、職業人として、個人として、市民として、一人一人が自由を適切に活かすことで不安に打ち克《か》ち、多様な他者との豊かな関わりの中で自己を闊達に実現するとともに、よりよい社会の建設に貢献していけるよう、知識を活用し創造する資質・能力を基軸として、教育を抜本的にデザインし直していくことが強く求められているのです。

もっとも、同じく正解のない毎日を送っていた農業社会に生きる人々が、一面において高度な資質・能力を所有していた可能性を勘案すれば、むしろ産業革命以降の方が特殊な時代であり、今再び、それが本来の在り方へと回帰しようとしているだけなのかもしれません。

私自身は、産業社会との比較と同時に、農業社会との比較が、今後の知識基盤社会における教育や人間の在り方を考える上で示唆的ではないかと思います。実際、農業社会が内包していた教育機能の学校的文脈における再構成という原理に基づく生活教育、現状では生活科や総合的な学習の時間がそれに当たりますが、そこにおける質の高い学びがB問題の正答率とも深く関わっているという知見などは、興味深い事実と言えるでしょう。

もちろん、知識基盤社会と農業社会は大いに異なります。その点はしっかりと押さえていかないと、ノスタルジアや単なる伝統回帰に陥る危険性があるでしょう。少し気を抜くと、生活科や総合的な学習の時間の実践がノスタルジックな牧歌主義や情緒主義に陥りがちになるのは、みなさんもお感じの通りです。そして、それではいけないのです。

そこを乗り越える際に拠り所となるのが、「各教科等の特質に応じた『見方・考え方』」です。興味深いことに、その多くは同じく近代に発展し、あるいは確立されたものを基盤としています。言うまでもなく、近代のすべてが悪いわけでも、否定されるものでもありません。

近代から何を学び、学校教育をデザインし直していくかが、近代を抜け出ようとしている今現在における最大の課題なのです。各教科等の特質に応じた「見方・考え方」については、第四章で詳しく見ていきたいと思います。

近代学校の終わりの始まりという地点に、今、私たちは立っています。もしかすると、はるか後世の人々が描く教育の歴史においては、正解の量的蓄積とその型通りの運用を学力と見なし、さらに教科ごとに分断した上でわずか数十分のテストで測っては、そのスコアで人生の行方から時には人間の価値まで決めてしまおうなどという愚挙の世界的蔓延が、永い人類史上、一八世紀終盤から二一世紀初頭にかけてのわずか二百数十年間にのみ存在した、と記されるかもしれません。多分にＳＦ的ですが、カリキュラムと授業の今後を展望するには、今やこのくらいのイマジネーションを携えることが不可欠になっているのです。

2　学校再生のまたとない好機

このようにいうと、先生方の中にはあまりの変化に頭を抱え絶望的な気分にさえなる人もいるのでしょうが、この変化はむしろ学校教育にとってまたとない好機なのです。

というのも、かねてより心ある教師たちは、エジソンを三か月で放校処分にして平然としていられるような学校の体質に不満と憤りを感じてきたのですし、懸命に教え込んできた正解の量的蓄積と定型的運用が、およそ現実社会では「生きて働かない」学力であることを昭和の時代から見抜いていては、何とか改善しようとさえしてきました。

しかし、産業社会の時代には、社会全体が一丸となってその推進に向かっていましたから、学校もそれを支えるべく、もっぱら領域固有知識をできるだけ多く教えることに腐心せざるを得ませんでした。戦後の我が国に限っていえば、その傾向が強まったのは、答申にもある通り「我が国が工業化という共通の社会的目標に向けて、教育を含めた様々な社会システムを構想し構築していくことが求められる中で行われた昭和三三年の改訂」（三頁）でしょう。思えば、この三三年改訂を境に学習指導要領は法的拘束力を持ち、教えるべき内容が明確化され、あるいは強化されたのでした。

ちなみに答申には、「高度経済成長が終焉《しゅうえん》を迎える中で個性重視のもと『新しい学力観』を打ち出した平成元年の改訂」（三頁）という記述もなされています。この時期に、産業社会を支えた終身雇用・年功序列賃金体制は崩壊し、知識基盤社会への移行が始まります。

そして、「新しい学力観」をさらに発展させたのが「生きる力」であり、それがすでに資質・能力の考え方を内包していたことは、見てきた通りです。したがって、知識基盤社会の到来、そして知識基盤社会が求める学力論なり教育観は、心ある教師の積年の志を、むしろ後押ししてくれるに違いありません。それは産業革命がかけた二〇〇年に及ぶ呪縛から私たちの学校が抜け出し、**本来の子育ての場へと生まれ変わる、またとないチャンス**なのです。

3　ようやく訪れた幸福な一致

驚かれるかもしれませんが、実は今回の改訂は、まさにこのような認識に立って進められてきました。答申は、次のように述べています。

「社会や産業の構造が変化し、質的な豊かさが成長を支える成熟社会に移行していく中で、特定の既存組織のこれまでの在り方を前提としてどのように生きるかだけではなく、様々な情報や出来事を受け止め、主体的に判断しながら、自分を社会の中でどのように位置付け、社会をどう描くかを考え、他者と一緒に生き、課題を解決していくための力の育成が社会的な要請となっている」「こうした力の育成は、学校教育が長年『生きる力』の育成として目標としてきたものであり、学校教育がその強みを発揮し、一人一人の可能性を引き出して豊かな人生を実現し、個々のキャリア形成を促し、社会の活力につなげていくことが、社会からも強く求められているのである」（二一頁）。

すでに第二章で見てきたように、**子供が本来的に有する学びや育ちのメカニズム、さらに、それをこそ拠り所に子供たちを教え、育んでいこうとすると、自ずと資質・能力やそれを基盤とした教育へとたどり着きます。**そして、知識基盤社会への移行という社会構造の変化もまた、すっかり同じ学力論や教育観を切望しているのです。その意味において、「今は正に、社会からの学校教育への期待と学校教育が長年目指してきたものが一致し、これからの時代を生きていくために必要な力とは何かを学校と社会とが共有し、共に育んでいくことができる好機にある」（「答申」一九頁）というわけです。

もはや、子供なのか社会なのかという対立図式はどこにも存在しません。目の前の子供を、その内側から生じる要求に応じて大切に育て上げることが、結果的に社会を豊かにし、また公正なものにしていく、そんな時代がついに到来したのです。

だからこそ、「直面する様々な変化を柔軟に受け止め、感性を豊かに働かせながら、どのような未来を創っていくのか、どのように社会や人生をよりよいものにしていくのかを考え、主体的に学び続けて自ら能力を引き出し、自分なりに試行錯誤したり、多様な他者と協働したりして、新たな価値を生み出していくために必要な力を身に付け、子供たち一人一人が、予測できない変化に受け身で対処するのではなく、主体的に向き合って関わり合い、その過程を通して、自らの可能性を発揮し、よりよい社会と幸福な人生の創り手となっていけるようにすることが重要」(「答申」一〇、一一頁)なのです。

4 学校と社会が目標を共有する

今回の改訂の柱の一つである「社会に開かれた教育課程」という考え方でも、同様のことが述べられています。「社会に開かれた教育課程」に関わって答申が具体的に挙げているのは、以下の三点です(一九、二〇頁)。

① 社会や世界の状況を幅広く視野に入れ、よりよい学校教育を通じてよりよい社会を創るという目標を持ち、教育課程を介してその目標を社会と共有していくこと。
② これからの社会を創り出していく子供たちが、社会や世界に向き合い関わり合い、自らの人

生を切り拓《ひら》いていくために求められる資質・能力とは何かを、教育課程において明確化し育んでいくこと。

③教育課程の実施に当たって、地域の人的・物的資源を活用したり、放課後や土曜日等を活用した社会教育との連携を図ったりし、学校教育を学校内に閉じずに、その目指すところを社会と共有・連携しながら実現させること。

このうち、③については以前から言われていることで、まだまだ不十分な点もありますが、特に新しいものではないでしょう。

対して、①と②に示された考え方は極めて斬新で、重要です。

①の後半部の、学校教育が「その目標を社会と共有していく」という記述の意味は、すでにお話ししました。近代に学校が発足して以来、学校は産業社会の要請に応えてきたのであり、いわば「従属」してきました。そこでは、教育の本来の原理、もっといえば子供の学習や発達の原理と経済社会、より具体的には労働市場の要請とは相容れるはずもなく、その意味での「共有」などおよそ不可能だったのです。

この状況が、知識基盤社会の到来によって変化します。社会もまた、子供の学習や発達の原理が指し示す教育、資質・能力を基盤とした教育を求めるようになったのです。ここで大切なのは、そのような新たな社会的要請に学校教育が盲目的に従属するのではないという理解です。なぜなら、それでは学校と社会の関係は、産業社会の時代と何ら変わりません。

つまり、「共有」という表現は、両者の思惑がたまたま一致したので、今後はその線で行きましょうといった、受け身的なものではないのです。**社会構造の変化を「好機」と捉え、教育本来の原理を全面に押し出し、時には学校教育の力をもって社会の変化を生み出していくことも大いにあり得る**というくらいの相互作用的なものとして理解すべきでしょう。

5　社会に開くと同時に子供にも開かれた教育課程

このことを考える上で鍵になってくるのが、①の前半部の「よりよい学校教育を通じてよりよい社会を創る」という表現です。学校教育と社会の関係を巡っては二つの考え方があると、教育学では整理されてきました。

一つは、その時代の社会が要請する人材を過不足なく適切に供給できるよう、社会の変化に遅れることなく、しっかりと付いていくのが学校教育の任務であるという考え方であり、社会的効率主義、社会適応主義などと呼ばれてきました。

もう一つの考え方は、教え・育てた子供たちが次世代の社会を主体として創出するという筋道を介して、学校教育は社会の変化を先導して生み出すというものであり、社会改造主義ないしは社会改良主義と呼ばれます。

従来、これらは二者択一的に議論されがちでした。そして、学校現場も地方教育行政も、前者の概念で理解することが多かったのではないでしょうか。これに対し、「よりよい学校教育を通じてよりよい社会を創る」や、②の「これからの社会を創り出していく子供たち」には、後者の考え方が少なからず反映されていることが明確に読み取れます。

つまり、「社会に開かれた教育課程」については、まずもって社会の変化に従属的に追随する教育を生み出すことではないと理解する必要があります。むしろ、教育の原理や目の前の子供の学習・発達の筋道を大いに反映させること、そして、そうやって創られた教育課程が、結果的に「社会や世界の状況を幅広く視野に入れ」たものとなるよう創意工夫していくことが、新学習指導要領の実践化における重要な視座となってくるのです。

学校と社会が、その主導権争いをして対立する必要など、すでにどこにもありません。しっかりと子供を見つめ、その自然なる求めに応じて育て上げていくことが、結果的に次世代の社会をよりよいものへと導いていくという可能性が、私たちの前に現出しているのです。その意味で「社会に開かれた教育課程」とは、同時に「子供に開かれた教育課程」でもあるということ、そして、そこにこそ真の「共有」が実現できると理解すべきなのです。

教科の本質へのQ

？
「見方・考え方」というのは
そもそも、どういったことを指していますか？

？
「対象」や「領域」で
各教科等を特徴付けることと
何が違うのですか？

？
各教科等ごとに、役割をきっちりと
分担していくべきということですか？

第4章

各教科等の特質に応じた「見方・考え方」

日常の生活経験だけでは到達しがたい科学的認識の深まり

1 教科をしっかりと教える

第二章では、「何を知っているか」を基本的な問いとし、領域固有知識の量的蓄積を追い求める内容中心の教育から、「何ができるか」、より具体的には「どのような問題解決を現に成し遂げるか」を基本的な問いとし、知識・技能を活用して人生をよりよく生きていける資質・能力を基盤とした教育へという動きとして、今回の改訂を集約的に捉えました。

注目すべきは、それが子供の学習や発達の事実とその背後にあるメカニズムに関する科学的研究から導き出されるということでしょう。予断を捨てて子供という自然に寄り添っていくならば、教育は資質・能力を基盤としたものとなっていかざるを得ないのです。

また、第三章では、産業社会から知識基盤社会へという社会構造の転換に伴い、世界は様々な意味で「正解」のない時代へと突入したこと、したがって、学校教育も「正解」を教える在り方から、その状況における「最適解」をその都度自力で、あるいは多様な他者と協働しながら生み出すことのできる資質・能力を育成する在り方へと、その原理を大きく転換する必要に迫られていることを見てきました。

これまでの検討から明らかなのは、今回の改訂が子供の事実と社会の現実をしっかりと踏まえて進められているということ、つまり「子供と社会の双方に開かれた教育課程」を目指しているということでしょう。

では、学校現場は具体的に何をどうすればいいのでしょう。私としては、何のことはない、**まずは教科をしっかりと教えることから着手すべき**だと考えています。

もちろん、それは各教科に配当された領域固有知識を単に量的にたくさん習得させるということでは毛頭ありません。子供たちが明晰な自覚を持ってその教科ならではの「見方・考え方」を身に付け、さらにその教科が主に扱う領域や対象を踏み越えて、それらを様々な問題解決に自在に駆使できるようになるということです。

それはまさに資質・能力が身に付いた状態なのですが、よくよく考えれば、それこそがいわゆる教科の本質や教科の系統を大切にすることであり、したがって本来の意味でその教科をしっかりと教えるということだったのです。

つまり、資質・能力の育成というのは教科とは何か別のものを新たに教える教育などではなく、**内容中心で考えてきた結果その本質をいつの間にか見失いかけている各教科について、改めて本来の在り方を問い直し、実践的に再構築する**企てにほかなりません。

2 文化遺産の継承・発展

では、改めて教科とは何でしょうか。まずは、このおおもとから考えてみましょう。

教育学では、カリキュラムには三つの編成原理があると考えてきました。**その第一は「文化遺産の継承・発展」、第二は「社会現実への対応」、第三は「子供の求めの実現」です。**このうち、第一の原理が教科と深く関わっています。

文化遺産の継承・発展とは、人類が永い時間をかけて累々と築いてきた学問や科学や芸術などの文化遺産を次世代に伝え、さらに発展させていくよう仕向けることが教育の課題であるという考え方です。学習の主体としての子供や、子供が生きる社会的文脈とはひとまず切り離したところに教えるべき内容が超然と存在すると考える（本質主義：エッセンシャリズム）点において、第二、第三の原理とは少なからず趣を異にしています。

この第一の立場では教えるべき内容は安定的に確定できますから、その内容を正確かつ効果的に習得させることがカリキュラム編成の方針となります。形式的には、文化遺産の内容に応じて教科という枠組みを設け、各教科内容を体系的に習得できるよう配列します。親学問という言葉がある通り、各教科の上にはそれに対応する大人の世界で認定ずみの知識・技能・価値の体系が存在し、教科の後ろ盾となっています。これが教科カリキュラムです。

つまり、教科という言葉は単にカリキュラムの領域区分を形式的に指すのではなく、文化遺産の継承・発展を教育の課題とみる立場において特殊的に用いられる表現なのです。だからこそ、生活を対象とし内容とする総合的な学習の時間や特別活動は教科ではありません。

その意味でいえば、生活科は法令上は教科ですが、原理的にはほかの教科と同列には位置付けにくい部分もあり、生活科を巡る特殊性や独自性の多くもまた、この点から生じています。同様に、社会科や家庭科も何を親学問と見なすか、そもそも親学問を想定するかといった立場の違いにより、果たして教科なのか、教科であるとしてもその特質は、といった点にかなりの議論の余地があると考えていいでしょう。

3 教科の系統

教科カリキュラムでは、学問・科学・芸術がその永年の営みの成果として積み上げてきた膨大な知識・技能・価値の体系を、子供たちが正確に継承し、自力で発展させられるようになることを目指します。もちろんそれは、各文化遺産に属する個別的知識を表層的に理解し、あるいは羅列的に記憶することと同義ではありません。さらに、各親学問に固有なものの「見方・考え方」と、それを達成する認識なり表現の方法を身に付け、自在に活用できるようにする必要があります。

これこそが教科の本質ないしは教科の系統と呼ばれてきたものであり、今回の改訂でいう「各教科等の特質に応じた『見方・考え方』」です。そして、このような意味での教科の系統に沿って行われる指導が本来の系統学習、系統指導なのです。指導の成果として子供たちが大量の個別的知識を所有し、A問題的なテストで高い成績を挙げたとしても、その教科ならではの「見方・考え方」を身に付け、様々な問題場面で自在に駆使し、質の高い問題解決を成し遂げることができなければ、それは系統指導の十全な実施とは言えません。

では、各教科等の特質に応じた「見方・考え方」を身に付け、自在に活用できるようになるとは、さらに具体的にどのようなことでしょうか。一つの研究を紹介しましょう。

現在はアリゾナ州立大学の心理学者であるチーらは、各八名の熟達者（物理の博士号取得者）と初心者（学部学生）に二四題の物理の問題を与え、その解き方に基づいて分類させました。その結果、初心者は問題の文や図から読み取れる表面的特徴で分類したのに対し、熟達者は斜面問題とバネ問題をエネルギー保存と関連付けて同一カテゴリーとするなど、解法に用いる物理学の法則や原理に依拠した分類を行っていました。

さらに、分類理由の中から斜面、重心、摩擦、エネルギー保存など二〇の概念を取り上げ、それらについて考え付くことを三分間話してもらうことで、初心者と熟達者の知識の構造（スキーマといいます）を比較します。図６・７が示すように、斜面についての初心者と熟達者のスキーマは、それを構成する要素の数では大きな違いはないものの、構造化の仕方には決定的な違いが認められました。

初心者はまず、斜面の角度、長さ、高さといった表面的特徴を連想し、最後にようやくニュートンの法則やエネルギー保存に言及します。一方、熟達者はいきなりニュートンの法則やエネルギー保存など斜面問題に関わる物理法則を想起し、次に法則の適用条件について述べ、最後に斜面の表面的特徴のことを考え始めていました。

熟達者は物理学の学問構造に近似した体系的なスキーマを所有しており、それが彼をして、世界を単なる物質の集まりではなく、物理的法則によって支配されているシステムと見なすよう促していたのです。そして、日常生活で出合う事物や現象ですら、もし必要であれば、その表面的な特徴に惑わされることなく、深層に潜む法則や原理の角度から眺め、処理することができるようになっていました。

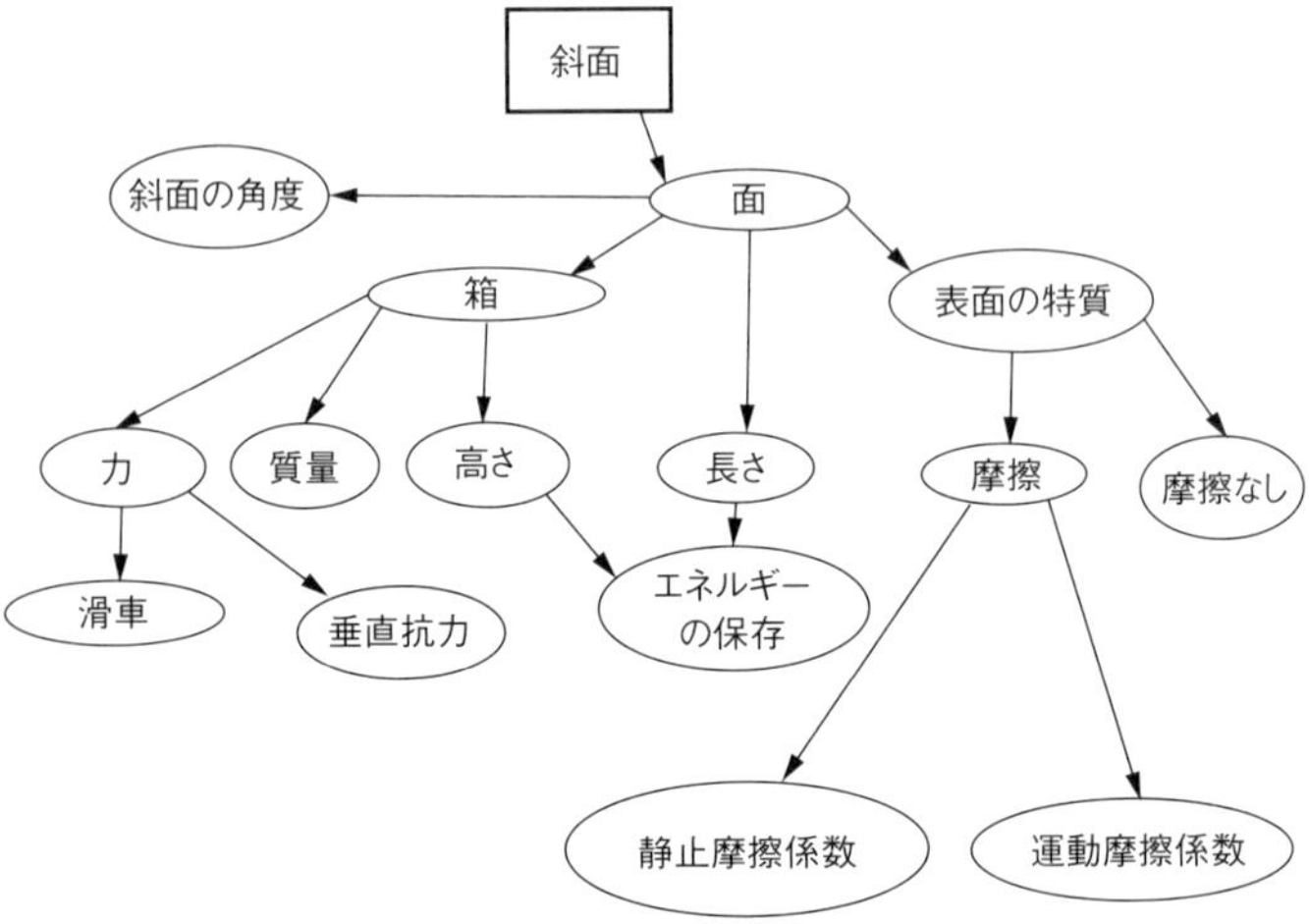

図６　初心者のスキーマ

図６・７ともに Chi, M. T. H., Glaser, R., and Rees, E 1982 *Expertise in problem solving*. In R. Sternberg, ed., Advances in the Psychology of Human Intelligence, volume1. Erlbaum. より

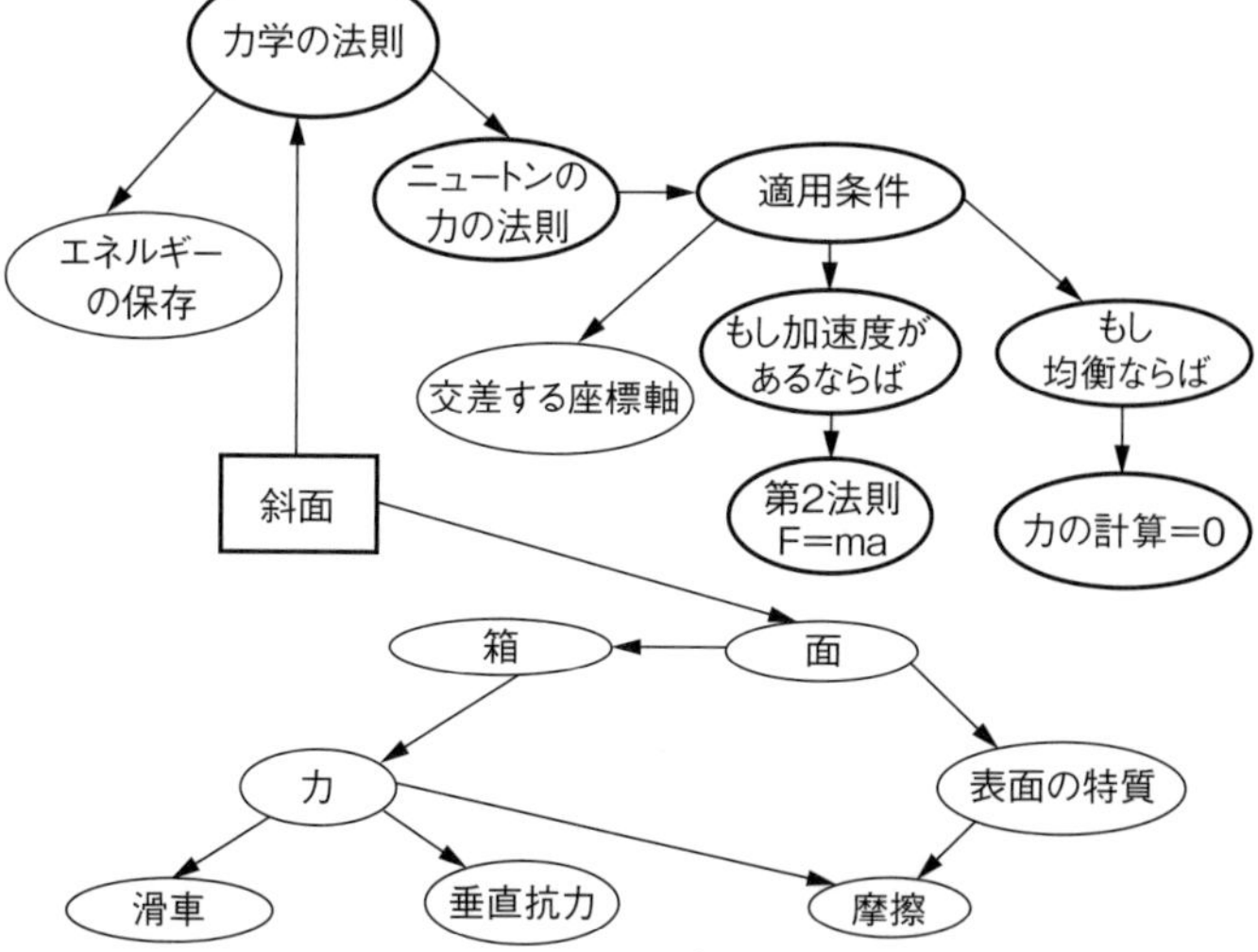
力学の法則
エネルギーの保存
ニュートンの力の法則
適用条件
交差する座標軸
もし加速度があるならば
もし均衡ならば
斜面
第2法則 F=ma
力の計算=0
箱
面
力
表面の特質
滑車
垂直抗力
摩擦

図７　熟達者のスキーマ

このように、教科を学ぶとは単に知識の量が増えるだけでなく、**知識の構造化のありようが、その教科の親学問が持つ固有な構造に近似していくよう組み変わり、洗練されていくこと**なのです。そしてその結果として、子供は世界をこれまでとはまったく違った風に眺め、関わったり取り扱ったりすることができるようになります。これが教科の系統が子供の内に実現された状態であり、系統指導とは、この状態を目指して行われる意図的で計画的で組織的な指導のことなのです。

ちなみに、第二章でお話しした、幼児が環境内のひと・もの・ことに働きかけ、それらを同化（＝理解）するのに用いていたシェマはフランス語読みなのですが、実はその英語読みがスキーマなのです。つまり、図6・7に示された知識の構造化のありようもまた、それを用いて様々な事物・現象に働きかけ、理解や思考を生み出すという点において、幼児のシェマと心理学的には同型なのです。もちろん、幼児の学習は感覚・運動的で常に具体的であるのに対し、高校や大学で物理学を学ぶ際には主に言語を媒介とし、多分に抽象的ではありますが、基本的な学習のメカニズムそれ自体には多くの共通点を認めることができます。

悩ましいのは、結果的に導かれたに過ぎない各教科の知識構造に含まれる要素的な成分を、より単純で低次なものから複雑で高度なものへと順序よく教えていったからといって、熟達者のスキーマのような状態が必ずしも実現されはしないことでしょう。従来、系統指導と呼ばれてきたものの多くは、まさにこの過ちを犯してきました。系統指導とは形式的に整序された知識の注入ではなく、その教科の系統における本質的な概念の構造的形成を目指した営みであり、図６から７へのような変化を生じさせることなのです。

詳しくは第五章で述べますが、したがって系統指導だからこそ、学習者である子供が現在所有している既有知識や既有経験を足場に、それを教科の系統に沿ったものへと修正・洗練・統合していくような授業づくりを進める必要があります。いわゆる「アクティブ・ラーニングの視点」「主体的・対話的で深い学び」の実現も、まさにそのことを指し示しています。そしてそれは、幼児がその時点で所有しているシェマを足場に対象と関わり、時に対象の要求に突き動かされる形でシェマの方を調節することで、次第に所有するシェマが世界の現実に沿ったものへと修正・洗練・統合されていくことと基本的に同型の出来事なのです。

4　教科は非常識

物理学の熟達者がそうであったように、**教科の系統を感得することにより、日常生活で出合う事物・現象に対して、これまでとはすっかり異なる見方や取り扱い方ができるようになります。**このことが、より洗練された、本質的な問題解決を可能とするのです。

その意味で教科の系統とは、日常の生活経験だけでは到達しがたい科学的認識の深まりであり、系統学習とは、そのような認識の深まりを提供する場としての学校の役割を重視する立場であると言うこともできます。再び、一つの事例を足場に考えてみましょう。

二〇〇四年、国立天文台の研究者が小学校四〜六年生を対象に調査したところ、約四割の子供が「太陽が地球の周りを回っている」と答えました。結果は学会でも報告され、担当者は「現在の小学校の学習内容は極めて不十分」と断じ、ちょっとした論争になりました。

興味深かったのは、当時、天文台の主張を支持する人たちが「地動説くらい常識だろう」といとも簡単そうに語っていたことです。これには心底驚きました。

もちろん、今日では大人なら誰しも地球が動いていることを知っています。しかし、初日の出を拝みに行って「おお。新しい年も地球は高速で自転しながら公転しているぞ」なんて感覚を持つ人は多分どこにもいません。今日でも素朴な人間の感覚経験としては、動かない大地の上を太陽が東から西へと巡るのであり、天動説の方がずっと自然な世界観なのです。

この素朴な感覚経験は心理学でいうインフォーマルな知識、理科教育でいう素朴概念の一種であり、人間の思考において極めて強靭で支配的に作動しています。だからこそ、永年に渡り人類は天動説を常識としてきましたし、カトリック教会は宗教裁判の末にガリレオを幽閉したのです。言うまでもなく、カトリック教会は大常識派でした。

コペルニクスやガリレオがすごいのは、いかに天動説に矛盾する計算結果や観測データを得たとはいえ、それを根拠に永年の人類の常識、自身の感覚経験の方を疑い、ついには地球の方が動いているという、当時からすればおよそ非常識な理解に到達したことでしょう。

データの存在がただちに科学的発見を導くわけではないことは、科学史の研究に基づきハンセンやクーンが明らかにしてきた通りです。そこには飛躍的な認識のジャンプ、クーンのいうパラダイムシフトを必要とします。この「科学的に正しい非常識」を生み出すことこそ科学の本質であり、科学のかっこよさなのではないでしょうか。

これは自然科学に限りません。芸術の世界でも同様で、ピカソもジャクソン・ポロックも、当初は「あんなもの絵じゃない」と酷評されました。彼らの作品は当時の美の常識では理解しがたい代物であり、およそ非常識な造形だったのです。そして、ピカソもポロックも戦い続け、ついには教科書にすら掲載されるようになります。

教科は、学問・科学・芸術などの文化遺産を足場に構成されます。したがって、そこで教える知識や価値の多くは**現在では常識であっても、生み出された当時はおよそ非常識な代物**でした。そして、日常の生活経験だけでは到達するのが困難な非常識なものであるがゆえに、人々をして自分たちがはまり込んでいる生活世界の相対化を促し、それを根こそぎ改革する力を秘めているのです。

たとえば、一七八九年に始まるフランス革命以前の社会において、人々が「平等」であることは決して常識ではなかったでしょう。だからこそ一七六二年、その文字通り革命的な観念を高らかに宣言したルソーの『社会契約論』そして『エミール』は発禁となり、彼はフランスを追われたのです。しかし、ルソーの著作によって目を開かれた人々は市民革命を敢行し、旧来の常識は徐々に書き換えられていきます。「知は力なり」とはこのことを意味するのだと、私は理解します。

教科は非常識であるがゆえに素晴らしい。教師がこの真実を深く胸に刻み、その時代の非常識を次世代の常識へと変えていった革命的な知識の生成と、それを可能とした独創的でありつつ理にかなった「見方・考え方」、認識方法や表現方法の世界にいざなう時、子供たちは教科のかっこよさに目を見張り、その系統との出合いを通して、日々自分たちの世界観を、さらに現実の世界をも、今より少しでもよりよいものへと更新し続けていくでしょう。

子供たちが学校で学ぶことの幸いに気付くのは、そんなめくるめく経験を得た時ではないでしょうか。本来バラ色の経験であるはずの教科学習を灰色の無味乾燥な暗記ものに貶めたのは、「地動説くらい常識だろう」といとも簡単に言い放つ、いかにも思慮の浅い無教養な大人たちなのです。

「見方・考え方」の角度から教科等を眺め直す

1　対象と方法

ごく普通に「この教科は何をするんですか」と尋ねると、理科なら「自然の事物・現象を扱う」、国語科なら「言葉や文章について必要な事項を教える」といった答えが返ってきそうです。しかし、各教科等は取り扱う対象や領域とともに、それらにどうアプローチするかという認識や表現の方法、つまり「見方・考え方」によっても特徴付けることができます。

たとえば、理科は自然の事物・現象を対象としますが、輪廻転生は教えません。「だって、輪廻転生は間違いだから」と理科教師は言うかもしれませんが、近代科学主義なり実証主義という認識論的立場に立つからそういう判断になるのです。哲学や思想、宗教的観念という見地から見れば、輪廻転生というアイデアには大いなる可能性があり、現にそれに依拠して深みのある幸せな人生を送った人々は、歴史的に見ても膨大な数に上るでしょう。つまり、理科は自然の事物・現象を近代科学という認識論・方法論によって取り扱うのです。

そして、近代科学という認識論・方法論は、自然の事物・現象以外の、たとえば社会的な事象に対しても大いに有効です。実際、私たちは自然科学のような厳密なやり方ではなく、多分に擬似的かもしれませんが、「条件制御」や「系統的な観察」など近代科学が編み出した知識生成の発想や道具立てを、社会事象の理解や予測にも日常的に様々に適用し、随分とその恩恵にあずかってきました。答申では、この点について次のように述べています。

「各教科等の特質に応じた物事を捉える視点や考え方が『見方・考え方』であり、各教科等の学習の中で働くだけではなく、大人になって生活していくに当たっても重要な働きをするものとなる。私たちが社会生活の中で、データを見ながら考えたり、アイディアを言葉で表現したりする時には、学校教育を通じて身に付けた『数学的な見方・考え方』や、『言葉による見方・考え方』が働いている。各教科等の学びの中で鍛えられた『見方・考え方』を働かせながら、世の中の様々な物事を理解し思考し、よりよい社会や自らの人生を創り出していると考えられる」（三三、三四頁）。

「『見方・考え方』には教科等ごとの特質があり、各教科等を学ぶ本質的な意義の中核をなすものとして、教科等の教育と社会をつなぐものである」（三四頁）。

ならば、むしろその側面に注目して各教科等の特質を明確化してはどうでしょう。つまり、「見方・考え方」の角度から各教科等を再整理するのです。それは、もっぱら対象や領域の角度から眺めてきた各教科等を、**九〇度ずらした地点から眺め直してみること**です。

実は、この対象や領域の角度から各教科等を眺め、特徴付けるという在り方こそが、旧来型の内容中心の教科観でもあるのです。それを資質・能力的な発想に転換してみようというわけです。きっと、すっかり別な景色や表情が見えてくるに違いありませんし、まったく別物と思い込んでいた教科等の間に思わぬ共通点を発見できるかもしれません。

2 対象適合的な「見方・考え方」

ところで、なぜ理科は、近代科学的な「見方・考え方」で自然の事物・現象にアプローチするのでしょう。それは、永年に渡って人類が自然の事物・現象に対し様々な挑み方をした末の現状における到達点として、こと自然の事物・現象に関する限り、どうも近代科学的なアプローチが最も多くの豊かな実りをもたらすらしいとの認識が、広く社会的なコンセンサスを得てきたからにほかなりません。

つまり、その教科等において特徴的に認められる「見方・考え方」は、その教科等が主に取り扱う対象に対し、現状において最も適合的なものが選択され、体系化されているのです。この**対象適合的な「見方・考え方」を働かせて個別具体的な対象にアプローチするからこそ、**それに見合った「思考力・判断力・表現力等」や「学びに向かう力・人間性等」が培われ、もちろん知識や技能も、この営みの結果として無理なく習得できるのです。

このことを答申では「教科等における学習は、知識・技能のみならず、それぞれの体系に応じた思考力・判断力・表現力等や学びに向かう力・人間性等を、それぞれの教科等の文脈に応じて、内容的に関連が深く子供たちの学習対象としやすい内容事項と関連付けながら育むという、重要な役割を有している」と説明しています（三三頁）。

3　その各教科等ならではの「学びに向かう力・人間性等」

「見方・考え方」を働かせることで、思考力・判断力・表現力等については、その教科等ならではのものが育つというのは無理なくイメージできるのですが、学びに向かう力・人間性等となると、どうも釈然としないとの声をよく聞きます。

第二章での検討からもみえてくるように、意欲や意志力を典型として、学びに向かう力・人間性等のかなりの部分は、さほど領域特殊的・対象具体的ではありません。もちろん、具体的な経験を通して次第に身に付いていくわけで、その意味では各教科等の学習活動が足場にはなります。しかし、教科等別にすっかり異なる様相を示すとか、その各教科等でなければ身に付かないといったわけではない、文字通りに汎用的なものが多いのです。

その一方で、その各教科等ならではというものもあります。たとえば、算数・数学では統合的・発展的な「見方・考え方」を働かせ、表面的に随分と異なる事象や複雑に見える数理をできるだけシンプルに再表現し、あるいは少数の原理・原則で包括的に理解できることを示そうとします。それ自体は算数・数学的な思考力でしょうが、これを推し進めていくと「本当にこれで大丈夫か」と不安になる瞬間が訪れます。

ここで、それが妥当な推論であることを漏れ落ちなく論証し、誰しもが納得するよう的確に表現することが要請され、それを可能とする思考力や表現力が培われるわけですが、さらにその根底には、常に物事に対し疑い深く批判的に、鋭い感覚でその妥当性を吟味していこうとする態度も養われていきます。これは、かつて「鋭い道徳的感情」などと呼ばれたもので、算数・数学ならではの学びに向かう力・人間性等と言うことができるでしょう。

さらに、この「鋭い道徳的感情」が算数・数学の範疇を踏み越え、ほかの領域に対して働く時、それは主張する者が多数であるとか権力的に高い地位にいるとか、どれだけ前例があるかなどに拘泥《こうでい》・躊躇することなく、純粋に目の前の物事にのみ意識を集中し、合理的・論理的に議論を進めようとの態度となるでしょう。公正や民主主義の実現に資する、今日的に極めて重要な資質・能力です。

このように、その教科等ならではの「見方・考え方」を基盤とすることで、**思いがけない教科等から思いがけない筋道でもって、社会生活を支える様々に重要な資質・能力育成の可能性が豊かに現れてくる**のです。こういった可能性に気付き、授業を通して子供たちに豊かな資質・能力を育成するためにも、改めて教科等の研究に本気で取り組みたいものです。

4 野生の思考

各教科等ならではの「見方・考え方」といいますが、対象にどうアプローチするかという認識論や方法論という意味では、時に複数の各教科等にまたがって現れる場合もあります。

たとえば、図画工作科の「造形遊びをする活動」では、あらかじめの意図や計画ではなく、材料との間にその都度生じる多分に偶発的な出合いと、その子供による闊達自在な必然化や選択の絶えざる繰り返しにより、美的な創造の営みが展開されていきます。そこでは、**本来異なるカテゴリーに属するもの同士を独自な視点や理路により大胆に「つなげる」「見立てる」「たとえる」といった思考の様式、**かつてレヴィ＝ストロースが「野生の思考」と呼んだものが豊かに作動しているのです。

要素技術の思いもかけない新領域への適用や、限られたリソースを駆使して高い付加価値を有する商品を開発する場合など、知識基盤社会での新たな知や価値の創造、つまりイノベーションにおいて、この「野生の思考」が豊かに発揮され、目覚ましい成果を挙げていることに疑いの余地はありません。アップル社の創業者であるスティーブ・ジョブズなどは、その典型と言えるでしょう。それは、産業社会を支えてきた近代合理主義に基づく一方向的で等速直線運動的な発想や構想の様式とはすっかり異なるものであり、従来の学校教育がおよそ明晰な意図を持ってしっかりと育んではこなかった類いの思考です。

造形遊びに潜在するこのような可能性について、当の図画工作科が十分に自覚的ではなく、現状ではそこで培われている豊かな発想・構想の力が美的造形以外の対象に発動されることを想定しきれていないように感じられるのは、何とももったいないことです。

なお、この「つなげる」「見立てる」「たとえる」といった思考を基盤とした美や価値の創造は、造形領域に留まりません。国語科で扱う短歌、俳句、詩などにも、ほぼ同様の思考と表現の操作を言語に対して適用している側面を認めることができます。教科の授業ではあまり扱いませんが、「〇〇とかけて、△△と解く。そのココロは」という形式で行う「なぞかけ」でも、「野生の思考」が駆使されています。

興味深いのは、言語を対象とする国語科の中に、命題論理的な操作という意味で、むしろ算数・数学科や理科に近い思考操作をする学びと、「野生の思考」を行う領域が同居していることでしょう。国語科は、物語文と詩と説明文、つまり散文と韻文と論説文という、思考操作的に大きく異なる少なくとも三種類の言語文化を扱っています。

まずはこのことを明晰に自覚し、子供たちにも同じ言葉や文章を、かなり異なるアプローチで読んだり書いたりしていることに気付かせたいと思います。そして、それぞれの思考操作の特質を感得し、自在に使いこなせるよう指導したいものです。

同様のことは実は図画工作科にもあって、「絵や立体、工作に表す活動」では、あらかじめの意図や計画に沿った造形活動の展開が期待されています。

その意味では、家庭科の調理や衣服の学習において、あらかじめの意図や計画に沿った創出に終始しているのは、やや不自然かもしれません。実際の家庭生活では、冷蔵庫の残り物と対話しながらもう一品を「でっちあげる」のであり、それはまさに「野生の思考」的創造なのです。何日も前から計画を立て、大枚をはたいて食材を準備し、中途半端に様々な材料を残しながらやっとこさで一品を仕上げる「男の料理」と、どちらが家庭科、つまりホーム・エコノミクス的に見て優れたアプローチなのか考えてみるのも面白いでしょうし、それによって調理実習の在り方も少なからず変わってくるように、私には思えます。

5 教科等を超えて有効な「見方・考え方」

「野生の思考」を例に、特定の「見方・考え方」が複数の各教科等にまたがって現れる場合のあることを見てきました。しかし、もっと複雑なことも起こっています。

たとえば、比較、分類、関連付けなどはどの教科等の学びでも出てきますし、常に有効です。「では、どの教科で分担して教えればいいのですか」と悩む人がありますが、そんな風に堅苦しく役割分担的発想で考えるのは得策ではありません。たとえば、およそ比較という方法論を用いない学問はありませんから、実はこれはごく自然なことなのです。

したがって、有効な場面があればどの教科等でもどんどん使えばいいし、様々な対象や状況に対して同じ比較なり分類という操作を繰り返し適用する経験を通してこそ、比較なり分類という「見方・考え方」やそれを現に実行する方法に習熟するのです。

その際、同じ比較なり分類であっても、対象や状況によって、その様相は微妙に変化してきます。理科の比較と社会科の比較では、当然どこに注目し何を重要な違いとみるかは異なってくるでしょう。と同時に、それでもなお同じ比較という思考操作である限り、常に現れてくる特徴や留意点などの共通項もあるはずです。

大切なのは、その操作において**何が常に共通しており、何が対象や状況によって変化するのか、さらに変化の理由は何か**といったことに関する知識であり理解です。同一の「見方・考え方」を多様な対象や状況に適用する経験を積み上げる中で、次第にそういった知識は増大し理解も深まっていくでしょう。また、詳しくは第五章で述べますが、教師がそのことを明示的に指導することで、いっそう確実に理解を促すことも有効です。

さらには、なぜ理科と社会科では比較の枠組みや基準が異なるのかと考えていけば、自ずと理科なり社会科が一貫して用いている「見方・考え方」の本質的特徴に行き着くはずです。そして、その気付きは各教科等の本質や系統に関する子供の洞察を一気に深めるでしょう。もちろん、こういった深い省察的な思考は、小学校ではまだ難しいかもしれません。しかし、中学校や高等学校ではぜひとも取り入れてほしい発想です。実際、国際バカロレアの必修科目である「知識の理論」(Theory of Knowledge：ＴＯＫ)をはじめとして、欧米の中等教育カリキュラムにはしばしば見られるものです。日本の教育はこれらの学力側面では圧倒的に後塵《こうじん》を拝しており、明確な自覚を持って拡充を図っていくことが今後に望まれます。

6 鋭角的な学びと間口の広い学び

各教科等の授業では、まずはその教科等における対象適合的な「見方・考え方」をしっかりと子供が学び取れるよう配慮・工夫することが、今後の教育課程編成と授業づくりに求められます。しかし、それだけでは子供たちは複雑多岐に渡る実社会・実生活の問題場面や状況において、洗練された独創的な問題解決を果たしていけるまでにはなりません。

さらに、「各教科等で育まれた力を、当該教科等における文脈以外の、実社会の様々な場面で活用できる汎用的な能力に更に育てたり、教科等横断的に育む資質・能力の育成につなげたりしていくためには、学んだことを、教科等の枠を越えて活用していく場面が必要」なのであり、「正にそのための重要な枠組みが、各教科等間の内容事項について相互の関連付けを行う全体計画の作成や、教科等横断的な学びを行う総合的な学習の時間や特別活動、高等学校の専門学科における課題研究の設定などである」（三二頁）と、答申は述べています。

これら教科等横断的な探究が求められる場においては、どの方法が使えるのかがあらかじめみえていません。だからこそ、子供たちは各教科等で身に付けてきた**「見方・考え方」という問題解決の「道具」の数々を自覚し、整理して俯瞰的に眺め、どれがどのような理由で**

どの問題状況に適合するのかを考え、現に試し、その有効性や留意点を深く実感していくのです。

このように、対象適合的な「見方・考え方」を鋭角的に学び深めていく各教科等と、それらを間口の広い対象に適用する中で、教科等の枠組みを超えて「見方・考え方」を整理・統合し、ついには自家薬籠中《じかやくろうちゅう》のものとする教科等横断的な学びとが、各学校の教育課程の中で豊かなハーモニーを奏でるよう工夫することが、今後に望まれているのです。

授業づくりへのQ

「主体的な」学びというと漠然としているのですが、それは何をもたらすのですか?

「対話」していると、授業とは無関係なギモンなどが出てくることもありますが?

「深い」学びをするのに、授業の時数を増やさなくて平気ですか?

第5章

主体的・対話的で深い学びの実現

アクティブ・ラーニングという言葉

1 始まりは大学教育改革だった

「アクティブ・ラーニング」という言葉は、二〇一二年八月二八日の中央教育審議会答申「新たな未来を築くための大学教育の質的転換に向けて」における以下のような記述を契機として、広く用いられるようになりました。

「生涯にわたって学び続ける力、主体的に考える力を持った人材は、学生からみて受動的な教育の場では育成することができない。従来のような知識の伝達・注入を中心とした授業から、教員と学生が意思疎通を図りつつ、一緒になって切磋琢磨し、相互に刺激を与えながら知的に成長する場を創り、学生が主体的に問題を発見し解を見いだしていく能動的学修（アクティブ・ラーニング）への転換が必要である。すなわち個々の学生の認知的、倫理的、社会的能力を引き出し、それを鍛えるディスカッションやディベートといった双方向の講義、演習、実験、実習や実技等を中心とした授業への転換によって、学生の主体的な学修を促す質の高い学士課程教育を進めることが求められる」（九頁）。

残念ながら、**我が国の大学教育では一斉講義型の授業が主流でした。しかし、それでは「生涯にわたって学び続ける力、主体的に考える力を持った人材」を育成することはできません。**ここから教育方法の刷新が求められ、文中に例示されているような多様な方法が推奨されたのですが、それらを集約的に表現した言葉がアクティブ・ラーニングなのです。

2 なぜ、学習指導要領ではアクティブ・ラーニングという言葉が用いられなかったのか

大学教育改革の文脈で用いられていたアクティブ・ラーニングが初等中等教育でも頻繁に話題に上るようになったのには、中央教育審議会への大臣諮問で使われたことが大きいでしょう。その理由なのですが、大臣諮問では過去に法令や政策文書で用例のある言葉を用いる必要があります。ところが、残念ながら初等中等教育では適切な表現が見当たらず、いわば次善の策としてアクティブ・ラーニングに白羽の矢が立ったということのようです。したがって、当時においてすでにこの表現が最適であるとはあまり考えられておらず、関係者の間

では、いずれは別の表現に変えることが当初から検討されていました。

個人的には先の記述にもある通り、「ディスカッションやディベートといった双方向の講義、演習、実験、実習や実技等を中心とした授業への転換」と、方法や形態を具体的に例示しており、極端には「アクティブ・ラーニングとはディベートをすること」といった誤解を生じかねないことが心配でした。また、受講者全員が顔を合わせるのは週一回からせいぜい二回が原則の大学の授業と、毎日教室で生活を共にしながら学ぶ小学校とでは、自ずから授業の工夫の在り方もすっかり違ってくるはずです。

そして実際、二年間の議論を経て、「アクティブ・ラーニング」は「主体的・対話的で深い学び」へと再概念化されていきます。この点について答申は、「平成二六年一一月の諮問において提示された『アクティブ・ラーニング』については、子供たちの『主体的・対話的で深い学び』を実現するために共有すべき授業改善の視点として、その位置付けを明確にすることとした」と説明しています(四八頁)。

学習指導要領でアクティブ・ラーニングという表現が用いられなかったことを巡っては様々な憶測が飛び交い、「答申からのわずかな時間で文部科学省が方針を変えた」「政治的な圧力があったのでは」といった大胆な解釈さえ聞かれましたが、まったくの誤解でしょう。

答申の時点で、すでに「アクティブ・ラーニングの視点」となっており、さらに「主体的・対話的で深い学び」と言い換えられていました。そして、「主体的・対話的で深い学び」については、新学習指導要領の各教科等において、「指導計画の作成と内容の取扱い」の筆頭項目の中でしっかりと言及されています。

それでもアクティブ・ラーニングという表現が答申の随所に出てくるのは、答申が大臣諮問への回答であり、諮問で問われていることには逐一答える必要があるからでしょう。

また、「学習指導要領ではカタカナ表記は使えないから」というのも誤解で、現に「カリキュラム・マネジメント」はそのまま用いられています。

つまり、初等中等教育はアクティブ・ラーニングという表現をすでに必ずしも必要としてはいないと、個人的には解釈しているのですが、それは方針の転換などではなく、**アクティブ・ラーニングという表現を足場に「主体的・対話的で深い学び」という、より適切で豊かな概念の創出に成功した**からなのです。

主体的・対話的で深い学びを実現する三つのポイント

1　資質・能力を育むために必要な学びの在り方

では、「主体的・対話的で深い学び」を実現するとは、具体的に何をどのようにすることなのでしょうか。答申では、次のように説明されています。

「『主体的・対話的で深い学び』の実現とは、特定の指導方法のことでも、学校教育における教員の意図性を否定することでもない。人間の生涯にわたって続く『学び』という営みの本質を捉えながら、教員が教えることにしっかりと関わり、子供たちに求められる資質・能力を育むために必要な学びの在り方を絶え間なく考え、授業の工夫・改善を重ねていくことである」（四九頁）。

この記述から、少なくとも三つの重要なポイントが浮かび上がってきます。

その第一は、**「主体的・対話的で深い学び」は「子供たちに求められる資質・能力を育むために必要な学びの在り方」であると**いうことです。

今回の改訂では、内容中心から資質・能力を基盤としたものへと学力論を大きく拡張しました。個別の知識を習得させるだけであれば、教え込みでも何とかなるかもしれません。しかし、未知の状況にも対応できる「思考力・判断力・表現力等」、学びを人生や社会に生かそうとする「学びに向かう力・人間性等」、さらに「知識・技能」についても「生きて働く」質を目指すとなると、ただ列挙された教育内容を漫然と教授するのでは不十分でしょう。

しかも、第二章で見た通り、資質・能力は「個々の内容事項を指導することによって」（四九頁）育むのです。つまり、教育方法の在り方が資質・能力育成の可否を左右するのであり、ここに今回、教育方法に踏み込まざるを得ない必然性がありました。そして、そこにおいて「必要な学びの在り方」が「主体的・対話的で深い学び」なのです。

2　創意工夫に基づく指導方法の不断の見直しと「授業研究」

第二は、**「主体的・対話的で深い学び」とは「必要な学びの在り方を絶え間なく考え、授業の工夫・改善を重ねていくこと」であり、「特定の指導方法」ではない**ということです。

アクティブ・ラーニングが話題になって以降、自身が信奉する特定の方式や型や道具立てを喧伝《けんでん》し、あるいは対立する立場を排斥するのにこの言葉を都合よく用いる動きが横行しました。そのような党派的な動きが、教育方法の質的向上において百害あって一利なしであることは、学校教育を巡る長い歴史からも明らかです。したがって、「主体的・対話的で深い学び」の実現において実践的に極めて重要なのは、それを学校と教師の「創意工夫に基づく指導方法の不断の見直し」(「答申」四八頁)と捉えることなのです。

注目すべきは、それが我が国の実践的伝統であり、「国際的にも高い評価を受けて」いる「授業研究」によって効果的に成し遂げられるとの見解が示されている点でしょう(「答申」四八頁)。教育方法の刷新とは行政や学者からのトップダウンではなく、「教員がお互いの授業を検討しながら学び合い、改善していく『授業研究』」(「答申」四八頁)のような場を基盤とし、教師一人一人を主体とした絶えざる日常的営みとして進められていくべきなのです。

そこでは、目の前の子供の姿を共通の拠り所とし、個々の教師の納得をもって特定の方法や技術が採用されていくことが重要です。また、そのような日常を通してこそ、授業づくりなり教育方法開発を自律的で創造的に展開できる教師並びに教師集団の力量が培われていくのです。

３　「学び」という営みの本質を捉える

第三は、「主体的・対話的で深い学び」の実現に際して、「人間の生涯にわたって続く『学び』という営みの本質を捉え」ることが大切であると指摘されていることです。

第一章でも述べた通り、今回の改訂では一貫して、「『学ぶとはどのようなことか』『知識とは何か』といった、『学び』や『知識』等に関する科学的な知見の蓄積」を「検討の方向性を底支えする」（教育課程企画特別部会「論点整理」八頁）ものとして位置付け、すべての作業が進められてきました。したがって、「主体的・対話的で深い学び」の実現に際しても、「『学び』という営みの本質を捉え」ることを基盤とするのは、当然と言えるでしょう。

第二章で検討した通り、すべての子供は生まれながらにして自ら進んで環境に関わり、環境との相互作用を通して「学び」を実現する能力を有しています。そして、乳幼児期から「学び」という営みを旺盛に展開しており、就学時にはすでにインフォーマルな知識とか素朴概念と呼ばれる膨大な知識を所有しています。少なくとも、およそ小学校で教える事柄であれば、子供はそれに関わる何らかの知識なり経験を持ち合わせていると考えていいでしょう。

たとえば、算数で図形の勉強をする以前に、遊びを通して子供は三角形の積み木を二つ合わせれば四角形になることや、円柱形の積み木の丸い方ではダメだけれど、平らな方ならいくつも積み上げられることを知っていたりします。

従来の学校では、そういった事実を無視して「手はお膝、お口チャック」といった行動規範をしつけ、その極めて受動的な状況下で「この形をさんかく、こちらの形をしかくといいます」などと教えたりするので、子供たちはかえってうまく学べませんでした。

つまり、私たちが通俗的に抱いている「学び」の概念は少なからず間違っているのです。その最悪のものは、子供の心は「白紙」であり、大人が価値ある経験を書き込んでやることによってはじめて意味のある学びが生じる、といったものでしょう。無味乾燥な暗記や機械的なドリルにすぐ頼ろうとするのも、こういった「学び」概念と通底しています。

子供の事実とは異なる「学び」概念に基づいて組み立てられた教育方法など、奏功するはずがありません。ところが、奏功しない理由を私たちはしばしば子供の側に求め、「落ち着いて勉強に取り組む姿勢ができていない」「話を聞く力が弱い」「理解力に問題がある」などと言っては、いよいよ規律訓練やドリル、宿題の乱発に終始してきました。

つまり、「主体的・対話的で深い学び」とは、**ごく普通に子供がその誕生の時から進んで旺盛に展開してきた「学び」の延長線上でこそ実現可能**であり、また実現すべきなのです。

したがって、すでに子供たちが展開している「学び」をそのまま就学後も連続させ、さらに

「各教科等の特質に応じた『見方・考え方』」に繰り返し触れさせることで、学びの方略や形成する概念を徐々に各教科等の特質に応じて洗練・統合させていけるよう、意図的・計画的・組織的に支援するのが教師の仕事であり、学校の任務なのです。

「学校教育における教員の意図性を否定することでもない」「教員が教えることにしっかりと関わり」といった表現が指し示す意味についても、このような「学び」概念に立脚して考えることが重要です。つまり、「教員が教えることにしっかりと関わ」るためにこそ、まずもって目の前の子供の知識状態を正確かつ広範に把握することが大切になってきます。そして、子供たちが持っている、いい線はいっているが不正確であったり断片的である知識を、「各教科等の特質に応じた『見方・考え方』」に沿って洗練させたり統合していけるよう促したり導いたりする際に発揮されるのが、教師の意図性であり指導性なのです。

そのような授業づくりを日々校内の仲間と共に創意工夫し続けていけば、そこにおいて生み出される「学び」は自ずと「主体的・対話的で深い学び」となり、子供たちのうちに資質・能力の十全な育成が図られていくでしょう。

以上のような整理に基づき、以下では「主体的・対話的で深い学び」を実現するための、授業づくりの三つの原理について見ていくことにしたいと思います。三つの原理とは、**有意味学習、オーセンティックな学習、そして明示的な指導です。**

有意味学習

1　子供はすでに膨大な知識を持っている

たとえば、高学年算数でつまずきやすい割合についても、子供は膨大な知識を所有しており、それを足場に授業を構成することが可能です。

試しに五年生に「降水確率って知ってる」と尋ねれば、誰一人として知らない子はいないでしょう。さらに、「降水確率50％ってどういうこと」と尋ねると、「雨が降るか降らないか、半々」と答えてくれます。そこで続けて、「降水確率が何％だったら傘を持ってくる」と聞くと、「50％」「70％」と言う子もいれば、「ちょっとでも濡れるのがいやだから30％でも持ってくる」と言う子もいました。面白いのは「僕は朝降ってなければ90％でも持ってこない」と言うので、理由を尋ねると「だって、うちはすぐそこだから、帰りだけなら誰かに入れていってもらえるから」とちゃっかりしています。

このように、子供たちは割合的な見方について豊富な知識を持っているのみならず、すでに実生活に活用すらしているのです。**この既有知識を活かさない手はないでしょう。**

さらに、ある子が「先生、『割合真面目』とかも言うよね」と言い出しました。算数の時間に「割合真面目」を出されると一瞬たじろぎますが、ここは前進あるのみです。ほかにも似たような言葉はないかと水を向けると、「比較的真面目」「かなり真面目」「どちらかといえば真面目」「やや真面目」など、どんどん出てきます。ついには、「『割合真面目』は『かなり真面目』よりは『やや不真面目』」などと言い出したりしますから、国語辞典を頼りに様々な程度を表す言葉や表現を勉強すればいいでしょう。

無定見な学びに見えるかもしれませんが、こんなやりとりの中で、子供たちは割合に関わる様々な知識や経験を出し合い、比較したり統合したりしているのです。そして、未だ不正確ではあるのですが、そこそこいい線をいっている概念を徐々に形成していきます。

2 既有知識を洗練・統合する教師の意図性・指導性

子供たちが持っている既有知識を活かして授業づくりを進めようと言ってきましたが、それはただただ子供たちに好き勝手に話させることではありません。**子供たちが持っている、いい線はいっているが不正確であったり断片的である知識を、洗練させたり統合させていけるよう、教師が意図性や指導性を効果的に発揮すること**が併せて必要です。

たとえば、小学校三年生に「靴のサイズ」を尋ねると、20、21、そして20・5というのが出てきます。ここで「テン5って何」と尋ねると、わからない子供もいますが、20センチ5ミリだと答えられる子もいて、「そういうことなんだ」とほかの子も納得します。

「僕はおとといから20・5」という子がいて、聞くと「靴を買いに行ったら、それまで履いていた20ではキッツキツで。するとおじさんが『もう1つ大きいのを』と持ってきてくれたのが20・5で、それがちょうどよかったのね。おじさんは『試しに』と言って21も持ってきてくれたんだけど、21はブカブカで、だから僕はおとといから20・5の子になったんだよ」と言います。このキツキツ、ちょうどいい、ブカブカという誰しもが共感できる身体感覚が、20、20・5、21という数字の並びと対応しており、ここから子供たちは整数の間にさらに数なり量が存在し、それがどうも小数というものらしいということを理解するのです。

しかし、靴のサイズだけではこれ以上の発展は見込めません。そこで、次に体重を尋ねてやります。すると、当然30・2とか29・7が出ますから、「あれ、テン5じゃないのもあるの」と聞くと、「テン1からテン9まである」と言う子がいて、実際に自分の体重はそのどれかですから、この時点では正確な概念形成には至っていない子も、とりあえずなるほどと思い、さらにちゃんと理解したいと願うようになるでしょう。さらに「テン０」の子もいますから、これは何だという、小数概念の本質的理解へと連なる問いも立ち上がってきます。

ここで、「靴のサイズの２０・５は２０センチ５ミリだったから、体重の２９・７は２９キロと７グラムのこと」とボケてやると、ポカンとしている子もいますが、ゲラゲラ笑い出す子もいて、「２９・７は２９キロと７００グラムのこと」と教えてくれます。どうしてそうなるのか尋ねると、ここはさすがに難しいのですが、それでも「テン何とかは一つ下の数のことだと思うんだよね。だから、靴の場合はセンチの一つ下はミリだけど、体重の場合はキロの一つ下は１００グラムになるから、２９・７は２９キロと７００グラムになる」と答えてくれました。

この授業では、まず靴のサイズを足場に、整数の間にも数が存在することに気付かせました。次に、靴のサイズと体重を比較することで、小数が「テン５」だけでなく「テン１からテン９まである」ことを確認します。さらに、あえてボケることで「テンいくつ」は整数の一つ下の数であることを、見出していきました。もちろん、これらは単なる手練《てれん》手管《てくだ》ではなく、子供の知識状態と教科の学習内容とのギャップを丁寧に見積もり、それをどのように埋めていくかと思案する中で生み出された、明確な指導性の発揮にほかなりません。

大切なのは、**子供の既有知識を導入での意欲付けに使うのではなく、それで一時間、場合によっては単元全体を学び進めていくこと**です。すでにある程度知っていることとの関連がみえれば、子供は「あっ。そのことね」「知ってる、知ってる」となり、緊張や不安を抱くことなくリラックスして、だからこそ主体的に学びに向かっていくことができます。

また、「私はこう思うよ」「こんなこともあったんだ」「だったらさあ」と、各自のエピソードや考え、疑問や予想を出し合いながら個性的、対話的に学びを深めていくでしょう。さらに、よく知っていると思い込んでいるからこそ、お互いの知識をすり合わせ、整理していく中で、「何か変だぞ」「わからなくなってきたけど、何とかはっきりさせたい」「もしかすると、こういうことかな」「やっぱりそうだった」と、自分たちの既有知識を足場に、より精緻で統合的な理解へと学びを深め、ついには正確な概念的理解へと到達するのです。

このように、自身が所有する知識との適切な関連付けにより、子供は意味を感じながら主体的・対話的に、そして着実に深い概念的理解へとたどり着くことができます。心理学者のデイビッド・オースベルは、このような学習を有意味学習と呼び、既有知識と一切関連付けることなく丸覚えしようとする学習を機械的学習と呼んで、両者を明確に区別しました。

自分との関係において意味の発生しない機械的学習は、いかにも浅い学びであり、非主体的な学びでしょう。また、そんな学びでは仲間と本気で対話する必然性も生じません。

つまり、「主体的・対話的で深い学び」の第一歩は、授業を有意味学習にすることであり、その鍵を握るのは子供が所有する既有知識との関連付けの有無なり深さの程度なのです。

3　対話的な学びによる知識の構築

有意味学習の足場となる既有知識には、もちろん学校の授業で正規に指導してきたフォーマルな知識も、いわゆる既習事項として含まれます。そして、それらは従来の授業づくりでも常にしっかりと確認され、活用されてきました。

しかし、さらに膨大で広範囲な知識や経験を、子供たちはインフォーマルな知識として所有しています。ところが、従来の授業づくりではそれを十分に活かしてきませんでした。

理由の一つは、インフォーマルな知識は個々人の生活経験やその主観的解釈に依存しているため、常に具体的・特殊的・個別的であり、不完全であったり偏っていたり、時には誤ってもいるからです。これは、フォーマルな知識が目指す抽象的・一般的・普遍的という特質とは正反対です。著しい偏りや誤りを含むインフォーマルな知識もまた、フォーマルな知識獲得の足場となり得るのでしょうか。一つの事例で考えてみましょう。

小学校二年生国語科「スーホの白い馬」の授業です。狼と戦った白馬にスーホが声をかける場面にさしかかった時、一人の女の子が立ち上がって問いかけます。

「**『兄弟に言うように』**なのに、どうしてスーホは白馬にこんなにやさしいの」

驚いたのは、クラスの仲間たちの方です。

「**『兄弟に言うように』**だから、やさしいんでしょ」

「うちのお兄ちゃんはやさしくなんかないよ。この間もプロレスの技とかかけられて、とっても痛かったんだから」

女の子はこの場面を、自分自身の何とも具体的・特殊的・個別的な経験、インフォーマルな知識に引き付けて読んでいたのです。

ここで、「あなたのところはちょっと変わっているから置いておくとして、普通は兄弟というのは相手を思いやり、やさしく支え合う関係なんだよ。ここはそういう風に読みましょう。いいですか」などとしてはいけません。それでは、この子は学校の勉強は自分とは関係がないとの学習観を抱いてしまいます。メタ学習的に考えても、これは極めて危険です。

担任の先生ははっとして、こう切り出しました。

「一口に兄弟と言っても、いろんな兄弟があるみたいですね。少し、自分たちの経験や考えを出し合ってみましょう」

これに呼応して、子供たちが語り出します。

「うちにもお兄ちゃんがいるけど、とってもやさしいよ。昨日だってカステラの大きい方を私にくれたもん」

「うちのお兄ちゃんは普段はそうでもないけど、私が風邪を引いた時はとっても大事に面倒を見てくれたし、スーホが白馬にするみたいにやさしく話してくれたよ。だから私はスーホだって、いつもいつもこの場面のようにやさしく話しかけるわけじゃないと思う」

こんな教材解釈をする教師はいません。自分の経験と関連付けたからこそ出てくる、読みの可能性と言えるでしょう。したがって、「厄介なことが起きた」「だから、インフォーマルな知識なんか持ち込ませない方がいいんだ」などと考えてはいけません。前進あるのみです。

そして、こういう時には案外と正攻法に、その教科の定石通りの指導でいいのです。

国語科指導の定石といえば、「証拠の文を探してみよう」でしょう。そう投げかければ、子供たちはスーホが白馬にやさしくない場面を必死で探そうとします。もちろんそんな場面は見付かりませんが、子供たちは納得せず「おかしいなあ」などと言っています。

教師としては笑いをこらえるのに精一杯ですが、子供たちは真剣そのものですから、さらに火に油を注いでやりましょう。構わないから、「やっぱり、スーホとみんなじゃあ、出来が違うんじゃないか」くらい言ってやればいいと思います。

すると子供たちはいっそうムキになって一所懸命に思案し、ついには「先生、わかった。

これは物語だから、お話の展開や登場人物に都合の悪いことは、本当のことでも書いてないんじゃないかなあ」と、文学表現の本質に迫る気付きに到達するのです。

さらに、兄弟を巡る話し合いは続きます。

「カステラの話だけど、うちのお姉ちゃんは先に大きい方を取っちゃうよ。やっぱり兄弟は下の方が損だと思う」

「そんなことない。喧嘩して叱られるのはいつも僕で、お母さんは『お兄ちゃんなんだから我慢しなさい』って言う」

「今のみんなの話を聞いていてね。僕は一度でいいから兄弟喧嘩がしてみたいって、そう思ったよ」

一人っ子の切ない思いに、誰しもがはっとします。そして、喧嘩ばかりしている兄弟だってかけがえのない存在なんだと、深く実感した様子です。

こうして話し合いが一段落した時、最初に問いかけた女の子が再び立ちました。

「みんなの話を聞いてね。兄弟もいろいろだなあって。それから、うちのお兄ちゃんもお兄ちゃんなりに私を大切にしようとしているのかもって、ちょっとだけ思ったのね。で、スーホなんだけど、『兄弟に言うように』でしょ。『ように』なんだから、スーホと白馬は本当の兄弟じゃないんだなあって。なのに、こんなに仲がいい。それはどんな気持ちなのか、知りたいと思いました」

この女の子に典型的なように、インフォーマルな知識は時に大きく偏っています。しかし、だからこそ**一人一人のそれぞれに偏った知識や経験を共有の財産とし、その豊かな具体・特殊・個別の先に抽象・一般・普遍を構築しようと対話的に思考することに意味がある**のです。実際、話し合いの末に子供たちは、「兄弟ってそれぞれだけど、でもだいたいは互いに相手を思いやり、やさしく支え合う関係と考えていいんじゃないか」と結論付けました。

散々議論した割には普通のところに落ち着きましたが、子供たちが自力で対話的・協働的に生み出した知識である点、したがってその内側に「カステラ」や「お兄ちゃんなんだから」など、様々な具体・特殊・個別を充満させた知識である点を見逃してはいけません。豊かな文脈を伴う、カラフルで中身が詰まったフォーマルな知識と言ってもいいでしょう。

私たちは余計な寄り道をすることなく、最短距離で結論へと至るシンプルな授業過程が有利であると考えてきたかもしれません。しかし、**一切のインフォーマルな知識との関わりを持たない空っぽで無色透明な知識は、かえって活用が利かないばかりか忘却も早い**のです。フォーマルな知識である以上、最終的には抽象・一般・普遍が目指されるべきですが、その抽象・一般・普遍がどのような質を意味し、どのような教育方法によって実現可能かについては、なお十分な内省と検討が必要なのではないでしょうか。

4 「主体的な学び」としての生き方に迫る学び

授業を有意味学習とすることにより、「主体的・対話的で深い学び」を生み出せることを見てきましたが、既有知識との関連付けの度合いが増していくと、ついにはその子の生き方に迫る学びになっていきます。再び、一つの事例で考えてみましょう。

「もしも私が豚だったらね」

唐突にこう切り出した彼女に対し、クラスの全員が、そして何より担任の先生が目を丸くし、息をのんで次の言葉を待ちました。

沖縄で出合った小学校五年生社会科の授業。食料自給率について、沖縄の農業や食料生産について、子供たちは粘り強く追究してきました。

国際児の彼女は、社会科が得意ではありませんでした。でも、今回は違います。まるで別人のように、追究にのめり込んでいったのです。今日の授業の論点は、自給率の算定基準でした。一口に国産といっても、一筋縄にはいかないのです。今日は何とかそこに決着を付けたい。彼女だけでなく、クラスのみんなが願っていました。

そして冒頭の発言。その先はこう続きます。

「もしも私が豚だったらね。お父さんはアメリカの豚でしょ。そして、お母さんは日本の豚。その二人から生まれた私は、ウクライナの小麦や中国のトウモロコシを食べて育った。それでいったい、私は国産なの」

文字通り身を挺《てい》してのこの問いかけは、クラスが直面している難問を何とか解決しようとの懸命な思考の中から、思わず口をついて出たものなのでしょう。実際、子供たちはこの着眼を突破口に、思考をぐんぐんと推し進めていったのです。

しかし、それにしても何と重たい発言なのでしょう。**自分が立っている床をあえて踏み抜き、人間存在の底にまで達しようとするかのような圧倒的な深度での思考のダイビング**に、彼女は挑戦したのです。

彼女にとって食料自給率を巡る問題は、もちろん社会科の学習問題であり、彼女の身体の外側に屹立《きつりつ》する客観的な社会事象です。と同時に、それは彼女が一一年間生きてきた、そして今生きていることそのものでした。自給率の問題は国籍の問題であり、それは彼女のアイデンティティの問題とすっかり同型なのです。自給率について考え抜くことは、そのまま自分の存在の底に触れようとすることであり、新たな自分に生まれ変わる鍵を手にするまたとない好機だったのではないでしょうか。

彼女はこの学習に出合って、一つの決意をしたのかもしれません。一一年間ずっと背負ってきた、背負わざるを得なかった重荷を、今こそ直視し、真正面から対決しようと。そして、その正体を自分なりに理解し、納得し、さらに未来に向かって乗り越えようと。

たった今、決意という表現を使いましたが、実際にはそれほど自覚的ではない気もします。意識の視線は鋭くまっすぐに外側へ、自給率という社会事象へと向けられており、決して直接に自身の内面へは向かわないよう、巧妙に制御されているのではないかと思うのです。

そして、それでいいのですね。彼女が背負ってきた問題それ自体を考え抜こうとしても、その無垢さとあまりの直接性のゆえに、かえって思考は冷静さを欠き、あるいは混乱し、結果的に深度の浅いものに留まるからです。深く傷付く危険性すら考えられるでしょう。

あえて教科の学習として、あくまでも外部に展開する社会事象について考え抜くことが、ここでは重要です。そこで得た洞察は社会科の学習内容を深めると同時に、即座に彼女の内部に展開する同型の問題にも投影されるでしょう。さらに、それがもたらす学びの意義の実感が、再び彼女をして社会科の学習へと向かわせる原動力になっています。このように相互促進的に展開する二つの並行的学びの中で果たされる洞察の深まりと自己更新の手応えこそ、彼女が今回の学習の内に見出した価値であり学びの実感だと思うのです。

教科の学びとして純然たる教科内容がしっかり習得されていると同時に、その学びがただちに自分自身を見つめること、生き方の探究にもなっている。さらに、教科としての学びが深まれば深まるほど、生き方としての学びもそれにつれて深まっていく。それどころか、むしろ教科の学習であることが、生き方の探究を自己存在の核心に迫る深い水準で始動する必須の要件になっている。彼女が生み出した学びを、このように理解できるかもしれません。

そして、実はこれこそが本来の教科学習ではないか、子供たちはこういった教科学習をこそ切実に求めているのではないか、と思うのです。

「主体的な学び」について答申は、「学ぶことに興味や関心を持ち、自己のキャリア形成の方向性と関連付けながら、見通しを持って粘り強く取り組み、自己の学習活動を振り返って次につなげる」学びであり、「子供自身が興味を持って積極的に取り組むとともに、学習活動を自ら振り返り意味付けたり、身に付いた資質・能力を自覚したり、共有したりすることが重要である」（四九、五〇頁）と説明しています。

「自己のキャリア形成の方向性」という表現はやや限定的ですが、「主体的に学ぶことの意味と自分の人生や社会の在り方を結び付け」ることが重要であるとの記述（四七頁）と併せて考えるならば、**「主体的な学び」の究極の姿は、自己の生き方・在り方に迫る学びということ**になるのではないでしょうか。そして、事例で見たように、小学校の教科学習にすらその可能性は十分にあるのです。したがって、まずは私たちが教科学習に潜在するこのような可能性に対して心を開き、子供たちを深く丁寧に見つめることが大切であると思うのです。

オーセンティックな学習

1　学びの文脈を本物にする

「深い学び」を巡って、答申は「単に知識を記憶する学びにとどまらず、身に付けた資質・能力が様々な課題の対応に生かせることを実感できるような、学びの深まりも重要になる」（四七頁）としています。資質・能力を基盤とした教育は「子供を優れた問題解決者にまで育て上げること」を目指しますが、そのためにも「身に付けた資質・能力が様々な課題の対応に生かせることを実感できるよう」にする必要があります。

しかし、学び取った知識を自在に活用するのはそう簡単なことではありません。第二章でも確認した通り、A問題的な質の学びがB問題にすら生きて働かない程に、学習の転移というのは生じにくいものなのです。

もっとも、この現象自体は特に不思議なことではないと考えられるようになってきました。人間の学習や知性の発揮は本来的に領域固有なものであり、文脈や状況に強く依存しているのです。この考え方を状況に埋め込まれた学習と呼ぶこともまた、第二章で述べた通りです。そこでは、学習とは具体的な文脈や状況の中で生じるものであり、学ぶとはその知識が現に生きて働いている本物の社会的実践に当事者として参画することであると考えます。

これに対し従来の授業では、その知識がどんな場面でも自在に使えるようにとの配慮から、むしろ一切の文脈や状況を捨象して純化し、一般的命題として教えてきました。しかし、何らの文脈も状況も伴わない知識は、いわば「取り付く島のない」のっぺらぼうな知識であり、子供には無機質で形式的な手続きの習得と映ってしまいます。

また、だからこそ教師も子供もパターンの定着に有効なドリルを常套手段として多用し、社会科に至っては子供から「暗記もの」などと呼び習わされてしまうのです。しかも、そんなにまでして叩き込んだ知識も、ペーパーテストで点数を稼ぐといった特殊な状況を除けば、現実の意味ある問題解決にはおよそ生きて働かない「宝の持ち腐れ」型の学力に過ぎず、それらは当然の帰結としていつしかすべて忘却の憂き目に遭うでしょう。

ならば、これとは真逆に、**具体的な文脈や状況を豊かに含みこんだ本物の社会的実践への参画として学びをデザイン**してやれば、学び取られた知識も本物となり、現実の問題解決に生きて働くのではないか。これが、**オーセンティックな（authentic：真正の、本物の）学習**の基本的な考え方です。

2 トマトの授業

たとえば、実際にスーパーで売っている様々なトマトのパックを買ってきて、「どれが一番お買い得か」を問います。算数の指導内容としては「単位量当たりの大きさ」ですが、現実のトマトのパックは個数だけでなく、大きさや品質等も微妙に異なり、そのままでは比べられません。生身の状況は、そうやすやすとは算数の都合に沿ってくれないのです。

しかし、このような状況がかえって何とか計算できないかとの切実感を子供たちに生み出し、「グラム当たりなら比べられるんじゃないか」との着眼をもたらす契機となります。もちろん、この気付きの背後にはグラム当たりの表示を近所のスーパーで見た生活経験や、それを取り上げた社会科学習がすでに生きて働いています。

あるいは、一個当たりやグラム当たりでは割高に思えたブランドトマトについても、栄養素に注目して「普通のトマトに比べてリコピン1・5倍なんだから、リコピン当たり量で比べれば、ブランドトマトの方がお買い得かも」などと言い出す子供が現れます。ついには、算数的には一個当たりで決着が着くはずの同じ種類のトマトについても、「うちは二人家族だから、四個パックだと余っちゃう。だから、うちとしては二個パックの方がむしろお買い得」といった見方ができるようになるのです。

子供たちは自身の生活実感や関心事に引き付けて主体的に学ぶとともに、立場や経験を異にする仲間との対話的な学びを通して、立体的に学びを深めていきました。

注目すべきは、本物のトマトのパックを教室に持ち込むことにより、子供の思考が極めてリアルになったと同時に、数理それ自体の探究としても深まりを見せている、つまり教科の本質に迫る側面をも併せ持ったことでしょう。学びの文脈をオーセンティックなものとすることは、しばしば誤解されているように、子供を教科の本質から遠ざけるものではありません。もちろん、周到な準備や計画が不可欠ではありますが、学びのリアリティと教科の本質への肉薄は、十分に同時的に達成可能なのです。

オーセンティックな学習にすると文脈が複雑・煩瑣になり、予定した指導内容以外の余計なものがあれこれ混濁します。これを心配する向きもありますが、実際には意外なほど子供は混乱しません。複雑で混濁しても、文脈が本物でありさえすれば、子供は具体経験や生活実感など、思考を巡らす足場となるインフォーマルな知識を豊かに所有しており、それらを駆使することで、自分に引き付けての思考や判断を進めることができるのです。

興味深いのは、既習事項の定着状況に不安のある子、その教科が苦手な子も何らかの角度で議論に参加できる可能性が高まることでしょう。それを契機に教科への関心が生じ、あるいは苦手意識が払拭されることさえ期待できます。

何より、**複雑で混濁した状況で学んだ知識であってこそ、複雑で混濁した現実場面の問題解決での活用に耐えることができます。** 私たちはわかりやすく、混乱しないようにとの配慮から文脈の単純化や断片化を進めてきたかもしれません。しかし、不自然なまでの過剰な単純化は、子供の授業参加への道を狭め、かえって習得の可能性を引き下げ、さらにせっかく習得した知識さえ生きて働かない質のものに留めてきたのです。

3 活性化された知識の条件

以前、この授業を紹介したところ、「これは算数の授業じゃない」と怒り出した人がいました。おそらく、算数を数理手続きの習得と考えているのでしょう。

もちろん、算数では数理手続きも学びますが、それ以上に重要なのが多様な状況下での数理の意味であり、さらには数理のよさや適用条件、限界にまで学びを深めてはじめて、学んだ知識・技能としての数理は現実の問題解決に適切かつ創造的に生きて働きます。

オーセンティックな学習が効果的なのは、後に出合う問題場面と類似した文脈で学ぶからです。それにより、新たな知識はそれが利用可能な条件や理由とセットで習得されます。さらに多様な文脈へと学習が拡げられるならば、知識はそれらと豊かに結び付き、広範囲に渡って生きて働く知識へと成長していくでしょう。

つまり、知識というものは、それがどのような場面でどのような理由により使えるのか、あるいは逆に、どのような場面ではどのような理由により使えないのかを併せて学んでいなければ、およそ活用が利かない、つまり転移しないのです。

これは、知識の活性化に関する心理学的な研究とも整合しています。問題解決に有用な時には迅速かつ確実に呼び出される状態になっている知識のことを、活性化された知識といいます。活性化された知識と、いわゆる生きて働かない不活性な知識とでは、記憶内における貯蔵のされ方に違いのあることがわかってきました。

不活性な知識の多くは、言語的な命題や事実として貯蔵されています。たとえば、「車両走行中にアクセルペダルから足を離したり低いギアにチェンジすることによって生じる制動作用をエンジンブレーキという」といった具合です。伝統的なテストでは、この文の「アクセルペダル」や「制動作用」のところを空欄にして穴埋めさせたり、複数の選択肢から選んで答えさせたりしました。しかし、それができることにどんな意味があるのでしょう。

これに対し活性化された知識は、条件（ＩＦ）節と行為（ＴＨＥＮ）節の対として貯蔵されており、行為節に記述された知識がどのような場合に活用可能かは条件節の中に明示されています。たとえば、「もし、長い下り坂や雪道ならば」（条件節）、「車両走行中にアクセルペダルから足を離したり低いギアにチェンジすることによって生じる制動作用（＝エンジンブレーキ）を使って走行しなさい」（行為節）といった具合です。

さらに詳細には、フットブレーキを使ってはいけない理由が、長い下り坂の場合にはブレーキパッドの許容範囲を超えた熱が発生しブレーキが効かなくなる（フェード現象）からであり、雪道ではタイヤをロックしてスピンしかねないからですが、そういった知識も含めて貯蔵されることにより、知識はいっそう適切かつ効果的に活性化されます。

自動車教習所ならば、エンジンブレーキを言葉として知っている、あるいは概念定義を説明できるだけで終わることはあり得ません。**その知識をどのような場面で用いるか、なぜそうするのかについても併せてしっかりと指導し、**さらに様々な状況で実地に経験を積ませるのが普通でしょう。およそ学校以外の学びの場では、学習とはそのようなものなのです。

ところが、従来の学校教育では行為節の指導にばかり意識を集中し、ややもすれば条件節の指導を軽視してきました。その結果、子供たちが所有する知識の多くは不活性な状態に留まっています。まさに「何を知っているか」と「どのような問題解決を現に成し遂げるか」

の乖離であり、**条件節の欠如は知識が生きて働かない、およそ最大の原因でした。**内容中心の教育の最大の難点は、教えている内容の選択や量にではなく、むしろ、それらがどのような質の知識として教えられるかという点にこそあったのです。

4　解けない問題

状況に埋め込まれた学習やオーセンティックな学習の立場から見れば、旧来型の授業の多くは教師や指導内容の都合から強引に導き出した不自然な文脈や状況で行われる、何とも嘘くさいものとして映ります。たとえば、鶴亀算では鶴と亀の足を区別することなく数え上げるという状況が設定されますが、いかにも不自然です。あるいは、分数の割り算が現実場面で想定しづらいのはわかりますが、それでも4分の3デシリットルのペンキで5分の4平方メートルの壁を塗る状況を子供たちに思い浮かべさせるのは、酷というものでしょう。

また、そんな授業を受け続けてきた結果、子供たちも次第に「６０人乗りのバスがあります。１４０人を運ぶには何台のバスが必要ですか？」という問題に「2と3分の1台」と答えるようになっていきます。ここで、「3分の1台なんてバスがあるの？」と尋ねると、現実にはあり得ないことを子供も十分に承知はしているのです。にもかかわらず、「でも、それで正解だから」「学校の勉強はそういうもの」と信じて疑いません。

図8に示すように、実際の問題解決は、まず現実世界における問題状況を算数ならば数理的処理に耐え得る形へと再表現し、次に計算その他の処理を施して数理的解決へと至り、さらにその解決に対する現実的評価を行うことにより、ようやく終結を迎えます。これに対し、伝統的な学校の授業は、しばしば図8の右側のみを扱うに留まっていたのであり、それこそが「3分の1台のバス」を生み出しました。

あるいは、出発点である問題状況の設定からして、すでに不自然とも言えます。現実の問題状況の多くは、「60人乗りのバスがあります。140人を運ぶには何台のバスが必要ですか?」などという単純なものではありません。たとえば、**「140人の子供がいました。これからバスに乗って出かけます。バスは60人乗りで、利用する高速道路の制限速度は80キロです。バスの運転手さんは28歳です。バスは何台必要ですか?」**くらいの複雑さや冗長さがあるのが、むしろ普通でしょう。

試しにこの問題を出すと、子供たちは140を60で割って、そこから80を引いたり、あるいは28を足したりします。もちろん、どうもおかしいと薄々感じてはいるのですが、問題にある数字はすべて使うと、すっかり思い込んでいるのでしょう。それ以前に、算数とは計算することだと信じて疑いません。なので、根拠もなく、とりあえず計算してしまうの

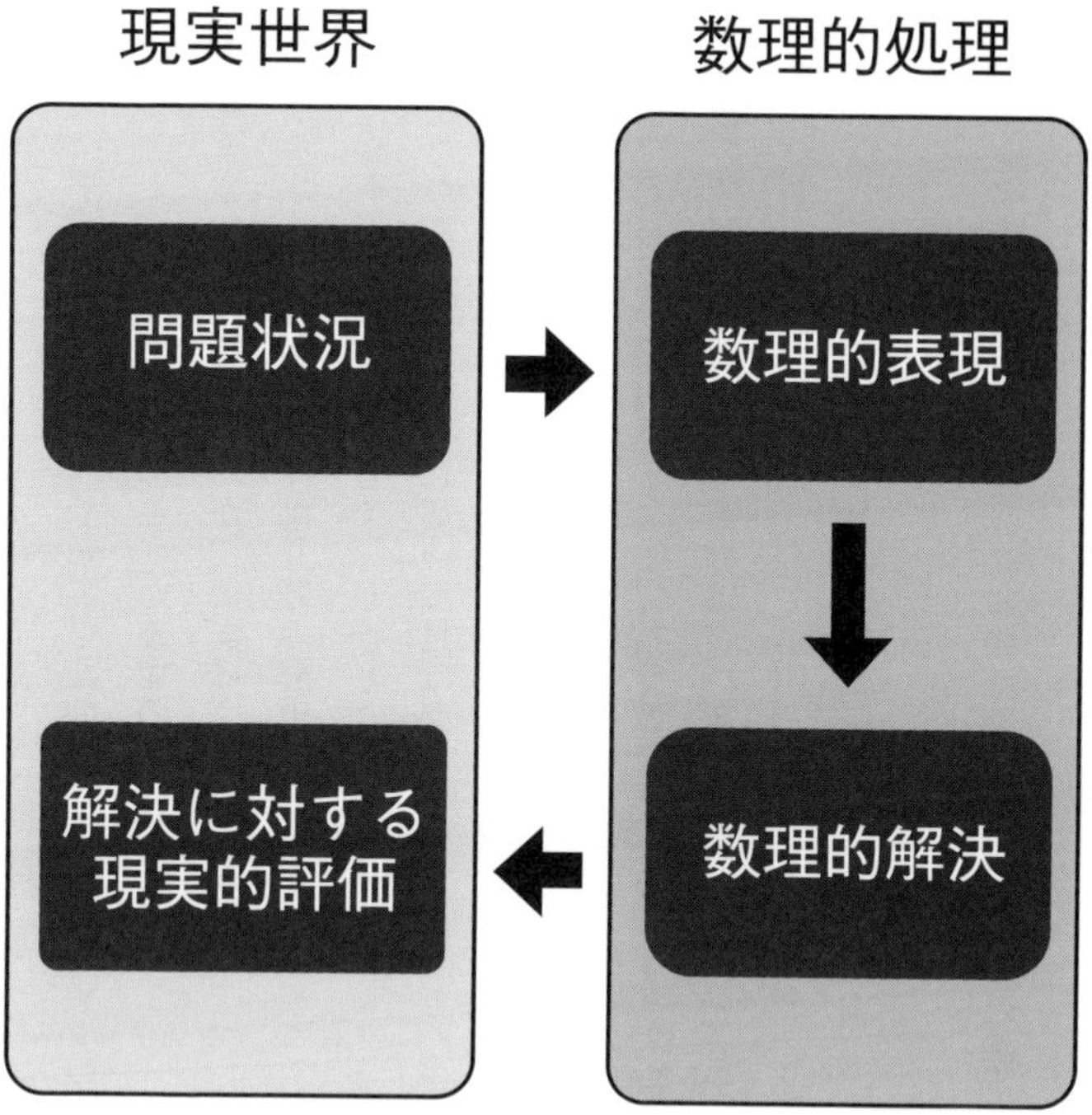

図８　現実世界と数理的処理の関係

です。

これらもまた、メタ学習の一種です。そして、このような誤ったメタ学習が、せっかく習得した知識を、いよいよ使えないものにしています。

これを解除し、修正するのに有効なのが、上記のようなオーセンティックな適用題です。従来の適用題では、割り算を教えた後、割り算で解ける、しかも必要十分な数字しか出てこない問題ばかりいくつも出題していました。しかし、これは得策ではありません。子供たちは何も考えず、ただただ割り算を実行しているだけなのです。そして、手続きとして割り算が実行できることは、行為節の習得の証明でしかなく、条件節まで伴った質の知識となっているかどうかは、あやしいと考えるべきでしょう。

そこで、割り算を教えた後の適用題として、割り算で解ける従来型の問題を一問、例示したような複雑で冗長な問題を二問、割り算ではない数理、たとえば引き算で解ける問題を一問、さらに解けない問題を一問といった具合で出題してはどうかと思います。これにより、子供たちは条件節についても、しっかりと考えるようになるでしょう。

解けない問題というのは、たとえば「140人の子供がいました。これからバスに乗って出かけます。利用する高速道路の制限速度は80キロです。バスの運転手さんは28歳です。バスは何台必要ですか?」といった問題です。この問題に対し、**「先生、これでは解けませ**

ん」と判断できることがむしろ算数の学力であり、さらに、「先生、バスが何人乗りか教えてくれれば解けます」と言えたなら、それこそが割り算がわかっているという状態なのです。

はじめて解けない問題に出合った時、多くの子供がおかしいとは思いつつも、めちゃくちゃに計算を繰り返します。そして、解けないことに気が付くと「先生、ずるい」とか「なんだ、引っかけか」と言って怒り出すのですが、構いませんからこう言ってやりましょう。
「人生は引っかけです。つまらないことに引っかからないように、気を確かに持って、自分自身の頭でしっかりと考えながら毎日を大切に生きていきましょう」。

思えば、我が国の戦後の教育はここから出発しました。「考える子供」や「だまされない国民」が教育の目指すところであり、学校の最大の任務でした。この大切な理念を、現代的な文脈の中に位置付け直し、さらに発展させていくことが、「正解」のない知識基盤社会を生き抜く子供を育てていく上で何より大切なことであると、私は本気で思うのです。

5 「科学する」学び

トマトの授業のような事例を挙げると、**オーセンティックな学習とは学びの生活化であると早合点する人がいるのですが、もちろんそうではありません。**オーセンティックな学習とは、子供が本物の社会的実践に当事者として参画する多様な学びの総称です。

第四章で見たように、教科は学問・科学・芸術など、人類が営んできたフォーマルな知の創造という社会的実践を基盤に成立しています。したがって、そのおおもとにまで立ち返り、各教科の学びを本物の社会的実践として展開する、つまり「科学する」「文学する」「芸術する」授業もまた、オーセンティックな学習となるわけです。そしてそれは、やはり第四章でお話しした、その教科ならではの対象適合的な「見方・考え方」を子供たちが感得することを、力強く支えるに違いありません。

たとえば、理科の実験では操作の不正確さや、さらにいくら操作がしっかりしていても、測定誤差やそもそもの実験材料のばらつき等により、多少なりともデータが荒れてしまうものです。とりわけ、子供たちは操作に慣れていませんし、いい加減に取り組む場合などもあって、法則性が確定できないほどに不安定なデータとなることもままあります。

しかし、だからといって苦し紛れに、「みなさんの実験でははっきりしないデータになりましたが、本当はこのグラフはまっすぐになるんですよ」などとしてはいけません。なぜなら、それはデータの無視や捏造であり、最も反科学的な態度だからです。教師が率先してそんなことをしてしまうと、子供たちはいよいよ実験に身が入らず、いつまでたっても正確な操作や測定が身に付きません。それでは、実験という理科に固有な知識生成の方法論や、そこから導き出されるであろう対象適合的な「見方・考え方」など、育つはずもないでしょう。

にもかかわらず、なぜそんな愚かな行為に出てしまうかというと、今日の指導事項を何とか消化したいと考えるからにほかなりません。つまり、これもまた内容中心の学力論から生じる過ちなのです。したがって、資質・能力を基盤とした考え方に立てば、こういった迷いもまた、きれいサッパリ消え去るでしょう。

というわけで、ここは**徹底して科学的な態度で臨みたい**と思います。

たとえば、「みなさんの実験から得られたデータをグラフにしてみたわけですが、このグラフからは何のきまりも関係も見出すことができそうにありません。ですから、この二つの間には何の関係もないというのを、クラスの結論としていいですか」と言ってみるのです。

すると、子供たちはあわてて、「先生、教科書には関係があると書いてあります」と言うかもしれません。

「教科書にどう書いてあろうが、実験の結果は関係のないことを示しています。みなさんが一所懸命に、しっかりと正確にデータを取った結果ですからね。ほかはどうか知りませんが、二組としては関係がないということにするしかないでしょう」

「いや、先生、もしかすると、僕たちは実験でミスをしたかもしれないし」

「そうですか。実験でミスをしたということであれば、話が違ってきます」

「先生、私たちの班はちょっとふざけていたので、それも結果に影響したと思います」

「それでは、このデータは信用できませんね。どうすればいいと思いますか」

「できれば、もう一度真面目に、しっかりと実験をして、正確なデータを取りたいです」

「そうですか。どこでミスをしたのか、見当は付きますか。そして、今度はふざけないで実験ができますか。できそうであれば、来週、もう一回挑戦してもいいです」

翌週の実験では、子供たちは人が変わったかのように大真面目に、そして万事慎重にことを運ぶでしょう。すると、データは見違えるようにきれいに整ってきますし、今度はきまりも無理なく見出せます。と同時に、それでもなお、データに少々の荒れは残るのです。

子供たちは不思議がったり残念がったりしますが、この厳然たる事実が、実験という近代科学が確立してきた知識生成の方法の真実です。このことを受け入れ、なぜそうなるのかを理解し、だからこそ「誤差の処理」に関する精緻な方法論が存在することを知り、なるほどと納得するとともに、さらに深めていきたいと願うようになっていくでしょう。

このように、その教科ならではの対象適合的な「見方・考え方」を子供たちが感得する簡潔にして最善の方法は、**指導する教師がその身体や言語を駆使し、「見方・考え方」という抽象を、子供にもわかる多様な具体的現れとして教室で体現し続けること**なのです。古くから言われてきた通り、子供にとって最大にして最善の教材は教師です。この原則は、資質・能力を基盤とした教育でも何ら変わらないどころか、いよいよ重要になってくるでしょう。

6 誤った操作を見過ごす覚悟

理科の振り子の実験で、おもりを一個から二個、三個と増やしていく操作がありますが、特に指示しないと、おもりの先におもりを次々と吊るしていく子供が結構います。

もちろん、ベテランの教師ならそのくらいのことは心得ていますし、あるいは教科書の教師用指導書に注記がなされていたりもして、通常は先回りして誤った操作をしないよう、子供たちに徹底した指示が出されます。

しかし、それでは本物の実験状況とは言えないのではないか。そう考えたある先生が、あえて誤った操作を見過ごす覚悟で授業に取り組みました。すると、何と六グループ中五グループまでが誤った操作で実験を開始したのです。

それでは、振り子の糸の長さが長くなったのと同じなので周期に影響を与えるのですが、面白いことに、この誤った操作から得られたデータが、おもりが重くなれば周期は長くなるという子供たちの予想と一致することから、実験は成功したと考えてしまったのです。

子供たちは意気揚々と、おもりの重さと周期は関係があると結論付けました。そして、同じ高さの位置に複数のおもりを吊るすという正しい操作をし、おもりの重さに関係なく周期は一定であると報告したグループに対し、「君たち、何かミスをしたんじゃないの」と自信たっぷりに上から目線で言い放ったのです。

授業は、さらに詳細に検討する中で、最終的には自分たちの方が誤った操作をしていたこと、またそれでも予想と一致した結果を出したのが多数派だったことから、ついつい自分たちが正しいと信じ込んでしまったことが深く内省される、興味深い展開となりました。

授業後、一人の子供が、「実験は何が正しいかがスパッと出るから面白いけれど、だからこそ慎重にやらないと、とんでもない間違いをする」との感想を聞かせてくれましたが、同様の出来事は科学史上でも幾度となく繰り返されてきました。

振り子の法則性という個別的な指導事項を理解させるのが唯一の目的であれば、このような授業展開は不適切であり、無駄な遠回りに見えるでしょう。一方、振り子の法則性に関する学びを一つの事例として、科学的な「見方・考え方」を感得させるのが目的なら、むしろこのような授業展開こそ最も「効率的」であるとすら言えるのではないでしょうか。

「主体的・対話的で深い学び」を目指した教育方法の刷新は、資質・能力の育成を目指して行われるのであり、またそこにおいて中核をなす、「各教科等の特質に応じた『見方・考え方』」を子供たちにしっかりとつかみ取らせるために進められるのだということを、繰り返しになりますが確認したいと思います。

明示的な指導

1 教科の得意・不得意を分けるもの

オーセンティックな学習では、現実世界に存在する本物の社会的実践に可能な限り文脈や状況を近付けて学びをデザインすることで、習得された知識も本物となり、現実の問題解決に生きて働くと期待されました。しかし、残念ながらそれだけでは、必ずしもすべての子供がせっかくの学びを自在に活用してはくれません。

たとえば、日本の理科の授業では小学校から徹底して実験や観察を重視してきました。それらは多分にオーセンティックな学びなのですが、にもかかわらず子供たちの「科学する」態度や能力は必ずしも十分とは言えないようにも思います。原因は様々考えられるでしょうが、一つには、子供は科学的探究に関する相応のオーセンティックな経験はしているものの、それを科学的な概念や方法論の視点から自覚的に振り返って比較・統合し、さらに道具化して自家薬籠中のものとし、いつでも自らの意思で自在に操れるようになるまでの段階的で明示的な指導を、教師からは受けていないことが大きいのではないでしょうか。

実験や観察を繰り返し経験するうちに、その奥に横たわる「条件制御」「系統的な観察」「誤差の処理」など、科学的な認識や方法に関わる抽象的・一般的・普遍的な概念を帰納的に感得する子供も、一定程度はいるでしょう。しかし、多くの子供は「振り子」や「電流」といった具体的・特殊的・個別的な対象や実験状況との関わりでのみ、その実験なり観察の工夫を理解するに留まっています。そこから科学的なアプローチについての茫漠としたイメージくらいは抱くでしょうが、それでは新たな対象や場面に対して科学の論理や手法を自力で発動することなど望むべくもありません。

いかに科学的な原理にのっとった実験や観察であっても、単に数多く経験しただけでは、科学的な「見方・考え方」や方法論を身に付け自在に繰り出せるようになるには、なお不十分です。さらに、表面的には大いに異なる複数の学習経験を俯瞰的に眺め、そこに共通性と独自性を見出し、ついには統合的な概念的理解に到達する必要があると思うのです。

興味深いことに、その教科が得意な子供は、この統合的概念化をいつの間にか自力で成就していています。同じ教室で実験に取り組んできたのに、その経験が単なる個別的な実験の記憶に留まっている子供がいる一方で、そこから科学とは何かを高度な水準で感得し、さらにはそれらを理科とは異なる対象や領域、たとえば社会的事象の検討にまで上手に活用する子供がいるのです。

彼らは必ずしも優秀なわけではありません。たまたまそういった思考に意識が向かいやすかったと考えた方がいいでしょう。それが証拠に、別の教科では、まったく概念化や統合が進んでいなかったりもするのです。

もしかすると、教科の得意・不得意のかなりの部分は、この点に依拠するのではないでしょうか。なぜなら、この**統合的概念化に成功した途端、バラバラとたくさんのことを勉強してきたと思っていたその教科が、ある一貫した発想なり原理で世界を眺め、枠付けて理解しようとしていたのだということが晴れ晴れとみえてくる**からです。そして、膨大な領域固有知識が一握りの概念や方法論で手際よく構造的に整理できることに気付くでしょう。第四章で見た物理学の熟達者のスキーマのような状態へと、知識構造が組み変わっていくのです。

こうなると、面白いように教科が楽々と理解できるようになります。もちろん、そういった子供には機械的習熟のためのドリルや暗記のための繰り返しなどは一切不要です。

2 今こそ教科内容研究の復権を

当の教師がこのことに気付かないのは、自分自身が子供時代からその教科が得意だったからではないかと思います。なので、普通にしていれば概念的理解に至れると勘違いしているのです。一方、自分もすっかり苦手な教科については、教師自身がいまだに統合的概念化を成し遂げられておらず、この教科は要素的知識をバラバラに教えていくしかない、そんな教科なんだろうと、これもまた大きな勘違いをしているのです。

その意味で、**今こそ教科内容研究が決定的に重要です。**それは、個々の教材やその取り扱い方を検討する教材研究より一段奥にある、教科内容そのものの研究です。そんな作業があるということ自体、すでに若い世代は知らないかもしれません。しかし、その教科ならではの「見方・考え方」を学力論の基底に据える以上、この作業はもはや不可欠です。

ちなみに、「この教科の本質は何か」「子供がこの教科を学ぶ社会的な意義はどこにあるのか」といった議論は、昭和の時代には盛んになされました。私が教育学部の学生だった三〇年以上前には、教師や教師を目指す学生は自分の専門教科なり研究教科を定め、まずはその学問的な構造や特質、さらに進んでその社会的な意義や役割について探究し、自分なりの教科像を確立すべく懸命に努力したものです。

そんな時代を知るほぼ最後の世代が、今の校長先生たちでしょう。なので、心当たりのあるみなさんには、それは日本の貴重な実践資産なんだという自覚を持って、かつて教わったり考えたりしたことやそれを大切にするメンタリティを、しっかりと若い世代に伝えていただきたいと思いますし、校内研究の柱に据えてもいいでしょう。教科内容研究はなかなかに手強いので、ベテランが音頭を取って夏休みのようなまとまった時間が取れる機会に、みんなで助け合って学び深めるのが得策なのです。

その際、教科の本質や「見方・考え方」、内容系統といった議論は学問的で抽象的になりがちですから、もちろんそれも大事なのですが、まずは実践的なところからスタートするといいでしょう。たとえば、教科書を足場にして、算数でいう「帰納」「類比」「一般化」といった「見方・考え方」は最初にどこでどんな風に現れ、それが系統的にどのように発展し、また領域を超えてどう拡がっていくのかを確認していくのです。

地域の採択教科書だけでなく、ほかの出版社の教科書も並べて比較すると多くの発見や驚きがあると思いますし、そこで生じた疑問の答えを学習指導要領やその「解説」に求めるといった具合に作業を進めていくといいでしょう。この作業の中で、自ずと「帰納」「類比」「一般化」とはどういうことか、それを子供たちが学び、自在に活かしていくとはどういうことか、といった本格的なことも次第に考えられるようになっていくと思います。

３　ブルーナー・リバイバル

先にも触れた通り、今回の改訂では原則として内容の削減は行わない方針でした。「それでどうやってアクティブ・ラーニングを実施し、資質・能力も育てるのか」という疑問の声に対しては、二つの筋道があるとお答えしたいと思います。一つは、奈良女子大学附属小学校の「学習法」を例に第二章で述べた、学習全般に有効な学び方や考え方の体得、学びに向かう力の向上により、個々の内容の習得速度が加速度的に速くなっていくというものです。

そしてもう一つが、今ほどお話しした、その教科ならではの「見方・考え方」や方法論に関する統合的で概念的な理解の達成に伴い、その教科の学習について的確に見通しが持てるようになり、結果的に学びが効率化・着実化するというものです。

前者が特定の領域に依存しない、文字通りの汎用的な資質・能力の育成を頼りとしたアプローチであるのに対し、後者はその教科ならではの特質をピンポイントで俯瞰的・構造的に捉えることを基盤としています。したがって、効果も基本的にはその教科に限られはしますが、その分、著しく高い有効性が期待できるでしょう。

もっとも、これは新たな発見などではなく、心理学者のジェローム・ブルーナーが一九六〇年に著した『教育の過程』の中で、「構造」と呼んだものにほかなりません。彼は、それぞれの学問の根底にある基礎的・一般的概念を構造と呼び、要素的な個別知識よりも、まずは構造をこそ優先して教えるべきだと主張しました。このような主張は、日本でいえば、科学主義・系統主義が最も色濃く現れたとされる、昭和四三年の学習指導要領に強い影響を与えます。残念ながら、当時は様々な理由から必ずしも成功はしませんでしたが、その基本的なアイデアには現在でも学ぶべき点が数多くあると、私は考えています。

ブルーナーは、構造を優先して教える意義として、次の四点を挙げています。

①教科の基本的な構造を理解すれば、教科の内容を理解しやすくなる。

②構造を理解し記憶しておけば、関連する細かい部分はそれをもとに再構成したり、思い出したりできるので、細かな事実的知識をいちいち記憶する必要がなくなる。

③構造は一般性をもつ基礎的な概念なので、後に出合う事柄を、すでに習得している構造の特殊事例として理解することができる。構造は、関連する特殊な内容を学ぶ際のモデルとして機能する。

④伝統的なカリキュラムでは、小・中学校で学ぶ初歩的な知識がその学問分野の発展からあまりに遅れているため、高校や大学で学ぶ知識との間にギャップが生じ、かえって子供

たちを惑わせることもあった。構造を重視すれば、そのギャップを狭めることができる。

4 学習経験に潜在する抽象的意味の概念化を促す

では、具体的にどのような指導をすればいいかというと、これはもう徹底して明示的（explicit あるいは informed）な指導ということに尽きると思います。

先の理科でいえば、時に複数の実験や観察の経験を整理し、比較・統合すること、そして科学的探究を構成するいくつかの鍵概念について、それを自在に操れるよう「条件制御」「系統的な観察」「誤差の処理」などの言語ラベルを付与すること、そして次には、それらの鍵概念を用いて新たな実験や観察について思考を巡らせること、そんな段階的で明示的な指導はこれまでも一部では試みられてきましたが、さらに広く実践されていいでしょう。

たとえば、振り子の実験で「どんな工夫が必要かな」と問えば、様々に試してみる中で、子供たちは「何度も計って平均を取ればよさそうだ」と気付きます。この段階で教師は「誤差の処理」を理解したと思いがちですが、いまだ「振り子」という具体的な対象や状況との関わりでの気付きに留まっており、汎用的な概念的理解にまでは到達していません。

そこで、授業の最後に、思いきりボケて尋ねてみます。

「今日の実験では、どうして振り子が振れる時間を何度も計って平均を取っていたの」

「正確なデータを取るためです。でも、それは理科の実験の基本でしょ。いつだってそうしていると思うんですけど」

「そうかなあ。この前の電流計の時は、何回も計って平均を取ったりはしてなかったよ」

「だって、電流計の針は一発でピタリと止まるから。ああ、そうか。電流計と違って振り子は動きが不安定でどうしても値がばらつくから、何度も計って平均を取ったんだ。これまでたくさんの実験をやってきたし、その場その場で工夫してきたけど、**なぜそうしてきたのか、なぜそれでうまくいったのか、振り返って整理すると面白いかもしれない**」


複数の経験を整理し、丁寧に比較・統合することで、個々の実験に独自な部分と共通する部分がみえてきます。すると、振り子も含め物理領域ではばらつきの多くは測定誤差なのですが、生物領域では個体差が優勢だということにも気付くでしょう。これは中学校でいう第一分野と第二分野における方法論的な特質の一つなのですが、このような概念的理解は、それぞれの領域で実験や観察に取り組む際の大きな助けとなるに違いありません。

このような学びについて、答申では「習得・活用・探究という学びの過程の中で、各教科等の特質に応じた『見方・考え方』を働かせながら、知識を相互に関連付けてより深く理解」する学びを、「深い学び」の典型的な姿の一つに挙げています（五〇頁）。

5　汎用的な思考の道具を整理して手渡す

　五年生社会科「暖かい地方の暮らし」の授業でのことです。「石垣島では、なぜサトウキビづくりが盛んなのか」が今日の学習問題だったのですが、授業の冒頭である子供が「先生、石垣島なんて行ったことがないからわかりません」と発言したのです。思わず笑いましたが、笑い事ではありません。行ったことがない地域のことまで予想でき、さらにその予想が妥当かどうかをかなりの程度まで詰めていけるようにするのが、社会科なのです。

　その授業では、結果的に「先生、雨温図を下さい」と言うまでに一五分かかりましたが、そんなことをしているから、教科書が終わらないのです。私としては、**学習問題が確認されてから一分以内に「先生、とりあえず雨温図を下さい」と言える子供にしたい**と思います。そして、それはそんなに難しいことではありません。

　なぜなら、三年生で「磐田《いわた》市では、なぜメロンづくりが盛んなのか」を、四年生では「静岡県では、なぜミカンづくりやお茶づくりが盛んなのか」を学習しているわけで、少なくともこの形の学習問題に挑むのは三回目です。それどころか、このような学習問題も含め、社会科の地理に関する学習では立地条件について繰り返し繰り返し学んでいきます。

ところが、その立地条件にはどのようなものがあるのかが、およそ俯瞰的、自覚的に整理・統合されていないのが現状ではないでしょうか。だからこそ、子供たちはメロンとミカンとサトウキビをそれぞれ別個のものとして、新たに一から考えようとするのです。

私としては、少なくとも国土と産業について系統的に学ぶ五年生段階では、立地条件には自然条件と社会条件の二つがあること、そしてそれぞれはたとえば以下のように整理できることを、しっかりと時間を取って明示的に指導してはどうかと思います。

自然条件：気温、降水量、土壌、地形、資源……

社会条件：市場、労働力、技術、歴史、交通……

もちろん、指導に際しては、三年生で学んだ磐田市のメロンや四年生で調査した静岡県のミカンやお茶での学習経験を丁寧に振り返りながら、さらに必要に応じて別の事例なども紹介しつつ、そこにみえてきた共通性や独自性を足場にわかりやすく説明していきます。

ここで、「小学生に資源や労働力、市場なんて難しい言葉を教えるのですか」と疑問に思われるかもしれませんが、**鍵となる概念を表す言葉はできるだけ変えないのが得策です。**多少、表現としては難しくても、要は慣れですし、実際にそれぞれと対応する事例が授業の中で具体的に出てきますから、子供たちはそれが何を意味するかは十分に把握できます。そして、最初から正式な表現にしておけば、高校や大学、さらに大人になってからもそのままで大丈夫なので、無用な混乱が生じる危険性もなく、長期的に見ればかえって効率的なのです。

このようにして立地条件に関わる概念を俯瞰的、明示的に指導し、続く産業学習でこれらをさっそく活用させるのですが、農業学習は特産物と構造が似ているので、無理なく進むでしょう。面白いのは次の工業学習で、子供たちは自動車や精密機械の工場の立地条件について調べる中で、ある発見をします。

「先生、これまでの勉強では自然条件の影響が強いことが多かったんだけど、どうも工業では社会条件が関わっていることも結構あるみたい」。

それこそが工業であり、特産物も含めた農業生産との大きな違いなのです。従来の産業学習では、農業、工業、商業といった具合に、ややもすれば個々別々の学びに終始していました。しかし、それでは各産業の学習に過ぎません。産業の学習では、各産業の特質や意義に関する理解に加え、それらを相互に関連付け比較する中でみえてきた特質について、なぜそのような特質を有するのかを産業全体の構造の中に位置付けて考察することが望まれます。

立地条件という**汎用的で有用性の高い思考の道具を手にすることで、**子供たちはこれまで学んできた農業との比較において、工業の**本質的な特質をつかみ取りました。**また、このような経験が、立地条件という道具の有用性を子供たちに強く印象付け、今後の学びでも積極的に活用し、しっかり考え抜こうとする、学びに向かう力を育むのです。

6 方略を自在に使いこなせるための四つの関門

学びが概念的理解にまで達していないという点でなかなかに深刻なのは、国語科でしょう。そこには、少なくとも三つの問題があると思われます。

第一の問題は、言語活動経験の累積が内容の実現をもたらすとの楽観的な期待に依拠した授業の多さです。良質な文章を数多く丁寧に読むことにより読解力が付く、というのがその典型でしょう。原理的に間違ってはいないのですが、あまりにも不効率であり、無限に時間があるわけではない学校教育においては不適切な戦略と言わざるを得ません。もっと鋭角的に、内容の着実な実現を目指して切り込んでいくべきでしょう。

第二の問題は、内容の指導における明示性の低さです。「気持ちの表れている文の横に線を引く」「大事な言葉に丸を付ける」といった指示が多用されてきましたが、肝心の線を引く根拠、丸を付ける方法が明示的に指導されないまま、あるいは当該教材にのみ特殊的に妥当する根拠や方法の提示に留まったまま、作業を進めさせることが多かったように思います。

それでも一定の割合の子供が作業を成功裏に成し遂げるのは、多くの子供にとって母語で書かれた文章であり、授業以前の経験の中で、すでに指示された作業が実行可能となっていたからでしょう。そしてそれ以外の子供たちは、「なるほど、言われてみれば、そこに線を引くのが適切なのはわかる」ものの、どのように考え、何に着目すれば自力でそこに線が引けるようになるのか、肝心の内容には到達し得ないまま放置され続けるのです。

第三の問題は、先の理科と同様に、その教材について読解の着眼点や方略のような一定の内容を指導したとしても、それがほかの文章の読解に自発的に用いられるまでには、なお超えるべき段差が存在するはずなのですが、それが十分に顧慮されていないことです。

学習心理学の研究によると、子供は単に方略を教わっただけでは、①それが本当に有効であるとの実感を持てず、②また、なぜ有効なのかを明晰には理解せず、③したがって、どのような場面で有効なのか判断することができず、④さらに、教わったのとは異なる対象や場面に適合するよう自力でアレンジして実行できる程にはその使用に習熟してはいないがゆえに、教わった方略を自発的にはほとんど用いません。

これら四つの関門すべてをクリアする明示的な教え方をしてはじめて、子供は学んだ内容を様々な問題解決に自発的かつ創造的に活用するのです。そのためには、**まずもって一授業時間なり単元の桁で授業の論理性や明示性を高めていく必要があります。**国語科授業の論理性や明示性を高める努力は、「授業のユニバーサル・デザイン」をはじめとしてすでに様々に取り組まれてはいますが、さらに迅速かつ強力に推進する必要があるでしょう。

≫ 7 「お道具箱」の整理

加えて、理科や社会科の場合と同様に、教材や単元を超えて学習経験を俯瞰的に整理・比較・統合することが望まれます。たとえば、**三学期に一年分の学びを領域ごとに整理する時間**を設けてはどうでしょうか。教科書の目次を見ながら、読解であれば物語と説明文に分け、各教材でどんなことを学んだか、ノートなども参照しながら振り返るのです。

最初にこの学習を行う時には、五年生であれば、四月当初に四年分の教科書を持ってこさせ、ゴールデン・ウィーク前までかかってもいいですから、中学年までの学習経験を総ざらいで丁寧に俯瞰し、整理・統合するといいでしょう。その上で、これから一年間の学びについても、教科書の目次を眺めながら見通しを持たせることをお勧めしたいと思います。

当初は、「この教材で何を学びましたか」と尋ねても、子供たちは「戦争の悲惨さ」「友情の大切さ」「ビーバーのダムづくりの工夫」「たんぽぽの秘密」などと言うかもしれません。もしそうだとしたら、あなたの国語科授業は致命的にまずいと理解すべきでしょう。

「物語が誰の視点で語られているかが、ごんと兵十の気持ちの変化を考える上でポイントになること」「たんぽぽの秘密を探るには、時間の流れに注目するといいこと」と答えてくれたなら、かなりいい授業ではあったのですが、いまだ学びが教材や状況に貼り付いており、ほかの文章読解に自在に活用できる程には自覚化・道具化が進んでいないと判断できます。もっとも、繰り返し見てきた通り、学習は常に状況的ですので、子供が各教材との関わりでのみ言語技術を習得していること自体は、無理のないことです。そこで、せっかくの学びを貼り付いている文脈から解き放ち、自由に動き回れる状態にしてやります。

具体的には、たとえば複数の説明文について、「たんぽぽ」や「ビーバー」など教材文で取り上げられている題材や対象は一旦脇に置いて、純粋に形式的な意味でどのような読解の着眼点なり方略を新たに学んだか、またそれがどのように奏功したのかを丁寧に確認していきましょう。すると、当然のことですが、「問いと答えの応答関係」「結論を最初に述べるか、最後に述べるか、その両方で述べるか」「具体例を挙げる順序とその理由」「時間の経過を表す表現」「つくりと働きの関係」「題名が持つ意味合い」「事実と意見の書き分け」「筆者の意図と挙げられている事例の整合性」などが、子供なりの表現で出てくるはずです。

さらに、複数の学年の学びを俯瞰的に見ていくならば、「問いと答えの応答関係」一つを取っても、実に多くの学びを経験してきたことが自覚されるでしょう。最初にこの教材で「～でしょうか」「このように～のです」という問いと答えの応答関係を学んだこと、問いと答えの応答関係に注目することで、説明文の構造が把握でき、うまく読解できること、そして、問いと答えの応答関係はほかの教材文でも多く用いられていること、学年が上がるにつれて問いと答えの間の距離が長くなり、その間に位置付く事例の数も増えてきたこと、文章によっては「〜でしょうか」「このように〜のです」ではなく、別な表現で問いの文や答えの文の働きをさせている場合もあること、長い説明文では問いと答えの応答関係が複数あったり入れ子状態になっていたりすることなどです。

興味深いことに、こうやって教科書の目次などを頼りに学習経験を整理していくと、子供たちがしっかりと学んでいることが改めて判明することも少なくありません。先に国語科授業に対し手厳しい物言いをしましたが、個々の授業自体の質は決して低くはないのです。

むしろ問題は、そこで子供たちに手渡したつもりの読解の着眼点なり方略、いわば読解の「お道具」に明確な名前が付いていないこと、さらに子供たちの「お道具箱」が一度も整理されてこなかった点にあります。

子供たちはなかなかにいい「お道具」を持っているのですが、それを持っていることを自覚しておらず、したがって実際に使うことができません。あるいは、使っていても、何をどう使っているのか、明晰に自覚していませんから、せいぜい読解には使えても、文章作成では一切使えません。読解で教えた着眼点や方略は、最終的には文章作成に駆使できるところまでを視野に入れるべきでしょう。すると、どうしても**個々の「お道具」の自覚化と命名、**

さらに「お道具箱」の整理が不可欠であり、また有効でもあります。

さらに、整理された「お道具箱」を駆使して新たな文章を読む機会を設けてはどうかと思います。算数などと違って、国語では適用題をやらないのですが、思えば不思議なことであり、不合理なことでもあります。そして、先に算数で例示したのと同様に、適用題は当初の学びをそのままの形では適用できない、ひと工夫を要するようなものであることが望まれます。どのような工夫を要したのかを自覚し、交流すると、さらによいでしょう。

このくらいの学びを経て、国語科の学習経験は、ようやく自在に生きて働くようになるのではないかと思うのです。

８　いきなり核心に切り込むアプローチ

いくつかの教科の実情に即して、明示的な指導の実際について見てきました。しかし、実はさらに直截《ちょくせつ》なアプローチも存在します。

大学の同僚から聞いたのですが、彼がオランダの中学校を訪問した時のことです。その日がたまたま歴史の最初の授業だったのですが、先生がいきなり「歴史には書かれた歴史と書かれていない歴史がある」と語り出したのだそうです。そして、書かれていない歴史の例として、パルテノン神殿の写真などを見せます。

一方、書かれた歴史には二種類あって、その当時の手紙や裁判の記録、新聞といった一次史料と、後の時代に書かれた歴史書のような二次史料があるという話をしたそうです。するど、教科書ははるか後の時代に書かれた歴史になりますから、しっかり疑ってかからなくてはいけないとなりますし、そこで役立つのが同時代に書かれた歴史や書かれていない歴史ということもみえてくるでしょう。

ここまで単刀直入に概念的理解を明示的に指導するのは、ちょっと驚きです。しかし、子供には歓迎されるかもしれません。なぜなら、歴史学の認識論の一番の核心をいきなり明示してしまうわけで、するともう、ほぼこれで全部ですから、後から後からあれこれたくさん出てくることはなく、かえってスッキリするのではないでしょうか。

まずは**一番本質的なものを一気に教えるという発想**は、数学教育協議会の「水道方式」における「一般から特殊へ」という考え方とも通じるものです。「水道方式」でも、それによって子供が迷うことなく学びを進められることが主張されていました。

ここで気を付けたいのは、最初の時間にこんな話をしたからといって、それで歴史的な「見方・考え方」が身に付くわけではもちろんなく、むしろ逆で、この段階では子供にはぼんやりとした理解しか形成されてはいないことでしょう。先生が言っている意味がよくわからないという子供も、少なからずいるはずです。

しかし、それでいいのです。なぜなら、この後の授業では毎時間一貫して、この枠組みで個々の事象を丁寧に検討していきます。子供たちは、様々に異なる出来事やその影響なり意味について、繰り返し同じ「見方・考え方」で思考する経験を積み上げます。その結果として、次第に彼らの中に歴史的な「見方・考え方」や方法論が精緻化されていくのです。

すでにお気付きのように、日本の教師は教えたことがただちに理解されないと、それはまずいことだと考えがちです。しかし、概念的な理解とは、表面的には異なる数多くの対象に対し、繰り返し一貫したアプローチで思考し、判断を下していく中で形成されるものです。したがって、例示したオランダの授業のように、先に概念を明示するやり方を選択した場合には、ただちに深い理解がなされなくても構わないわけです。

一方、理科や国語科を事例に述べたように、まずは特定の「見方・考え方」や方法論にのっとった学習経験を豊富に提供し、後にそれらを整理する中で統合的な概念的理解に到達させるというやり方もあります。いわば、**先に教えるか、後で気付かせるか**なのですが、両者はどちらが優れているとか、どちらであるべきだというのではなく、私たちには選択肢として有効なアプローチが二種類あると考えればいいでしょう。

≫ 9 文脈が取れないというつまずき

明示的な指導について考えてきましたが、子供の視点から見た場合、そもそも多くの授業は、なぜ今この学習活動を行う必要があるのかに関して極めて明示性が低いのではないでしょうか。それでも、多くの子供は何とかその文脈的な意味を推し量り、学習を成立させていきますが、それが苦手な子供や努力したものの失敗した子供は、精一杯のがんばりもむなしく、結果的に学習を成立させられません。

理工学部の学生が、小学校での経験を語ってくれました。彼は「よだかの星」の単元の間中、よだかがどうやって宇宙空間で羽ばたき続けられたのか、鳥がどうやって星になったのか、との疑問を抱き続けたといいます。なのに、先生も仲間もよだかの気持ちについて、ああでもないこうでもないと議論しているのです。「鳥に気持ちなんかないし」。彼が次第に国語嫌いになっていったのは、当然の帰結でしょう。

物語はファンタジーですから、彼の抱いた疑問自体がナンセンスと言うかもしれませんが、そのことを教師が明示的に説明したことは、多分一度もありません。それどころか、理科の時間であれば、彼の推論はむしろ鋭い着眼として評価されたでしょう。

第四章で述べたように、すべての学問・科学・芸術は、限定された特定の認識論的な立場や方法論を用いており、だからこそ対象適合的に豊かな知識や洞察、表現を生成してこられました。そして、それらを「親学問」に持つ各教科も、同様の構造を持っています。

したがって、先生が一度でも「なるほどね。実際にはよだかは宇宙を飛べないし、星にもなりません。でもね、これは現実とは別の世界の物語、ファンタジーなのね。あえて、よだかがどこまでも飛んで行けたり、星になったりもするんだってことにしたら、それはそれでいろいろとステキなことが起こったり感じられたりするって思わない」と問いかけてくれたなら、彼もきっと「なるほど、それはそれでありかもしれない」と納得したでしょう。

つまるところ、彼は教師が指示する学習活動を成し得なかったのではなく、それが暗黙裏に埋め込まれている文脈が取れなかったのであり、それこそがつまずきの原因でした。彼とは真逆に、理科や数学の授業が暗黙裏に前提としている文脈が取れず、ついには理科や数学を「捨てた」と訴える学生も、文学部あたりにはたくさんいます。

授業への参加なり理解の実現のためには、学習活動の遂行は十分条件ではありません。その学習活動の意味的文脈の把握が、さらに不可欠なのです。そのためにも、まずは**授業が暗黙裏に前提としている文脈を教師が自覚し、必要に応じて明示的に説明する心構えと、文脈が取れない子供の立場に立っての、真にわかりやすい文脈提示の工夫**が望まれるのです。

資質・能力が兼ね備えるべき汎用性の正体

以上、**有意味学習、オーセンティックな学習、明示的な指導という、「主体的・対話的で深い学び」を実現するための三つの授業づくりの原理**について見てきました。

三つの原理は、理念的にはそれぞれに独立してはいますが、実際の授業づくりやカリキュラムづくりという営みにおいては、複合して用いたり、組み合わせて用いたりします。まずもって、子供の既有知識を足場に学びを生み出すという有意味学習の考え方は、すべての授業づくりの基底に位置付くものです。オーセンティックな学習でも明示的な指導でも、この原理は適用されるべきですし、もちろん適用可能です。

また、明示的な指導が真に奏功するためには、オーセンティックな学習経験のあることが必須の要件になってきます。本物の社会的実践に近い、自分事の豊かな学習経験があるからこそ、その一段抽象化した意味をたとえ教師がリードして抽出し手渡したとしても、なお子供たちはそれを自分の宝ものと感じることができるのです。

最後に、繰り返しになりますが、「主体的・対話的で深い学び」の実現とは、「子供たちに求められる資質・能力を育むために必要な学びの在り方を絶え間なく考え、授業の工夫・改善を重ねていくこと」（「答申」四九頁）でした。そして、資質・能力を基盤とした教育では、子供を未知の状況にも対応できる優れた問題解決者にまで育て上げることを目指します。

その意味で、資質・能力は汎用的な特質を有する必要がありますが、それは一切の文脈や状況を捨象した学び、子供が所有する既有知識と切り離された学びによっては、決して到達できません。むしろ、個々の内容について子供の世界との緊密な関連付けを図り、現実世界で展開されている本物の社会的実践という文脈や状況の中で主体的・対話的に深く学ぶことにより、学びは生きて働くものとなるのです。

さらに、そのようにして得られた多様な学びを整理し、比較・統合する中で、表面的には大いに異なる学習経験の間に存在する共通性と独自性に気付き、統合的な概念化に成功した時、資質・能力は強靭かつ柔軟に機能する汎用性を獲得します。

汎用性を求めるからこそ、その知識が現実世界で息付いている文脈や状況が不可欠なのであり、また学びの当事者である私自身のこれまでとの関連付けが鍵となるのです。そして、そのようにして得られた本物の学びについて、その意味するところを一段抽象度を上げて概念化したものが、汎用性の具体的内実であり正体だと考えればよいのです。

【引用・参考文献】

［第二章］

・『二一世紀型スキル―学びと評価の新たなかたち』
P・グリフィン、B・マクゴー、E・ケア（編）
三宅なほみ（監訳）益川弘如・望月俊男（編訳）北大路書房、二〇一四年

・『二一世紀の学習者と教育の四つの次元―知識、スキル、人間性そしてメタ学習』
C・ファデル、M・ビアリック、B・トリリング（著）
岸学（監訳）関口貴裕・細川太輔（編訳）
東京学芸大学次世代教育研究推進機構（訳）北大路書房、二〇一六年

・『二一世紀型スキルとは何か―コンピテンシーに基づく教育改革の国際比較』
松尾知明、明石書店、二〇一五年

・『知識基盤社会を生き抜く子どもを育てる―コンピテンシー・ベイスの授業づくり』
奈須正裕・久野弘幸・齊藤一弥（編著）ぎょうせい、二〇一四年

・『「コンピテンシー・ベース」を超える授業づくり―人間形成を見すえた能力育成をめざして』
安彦忠彦、図書文化社、二〇一四年

・『今求められる学力と学びとは―コンピテンシー・ベースのカリキュラムの光と影』
石井英真、日本標準、二〇一五年

・『「学習力」を育てる秘訣―学びの基礎・基本』

奈良女子大学文学部附属小学校学習研究会、明治図書出版、二〇〇三年
・『モチベーション再考―コンピテンス概念の提唱』
ロバート・W・ホワイト（著）佐柳信男（訳）新曜社、二〇一五年
・『コンピテンシー・マネジメントの展開（完訳版）』
ライル・M・スペンサー、シグネ・M・スペンサー（著）
デイビッド・マクレランド（序文）
梅津祐良・成田攻・横山哲夫（訳）生産性出版、二〇一一年
・『状況に埋め込まれた学習―正統的周辺参加』
福島真人（解説）ジーン・レイヴ、エティエンヌ・ウェンガー（著）
佐伯胖（訳）産業図書、一九九三年
・『マシュマロ・テスト―成功する子・しない子』
ウォルター・ミシェル（著）柴田裕之（訳）早川書房、二〇一五年
・『やる気はどこから来るのか―意欲の心理学理論』
奈須正裕、北大路書房、二〇〇二年
・『マインドセット―「やればできる！」の研究』
キャロル・S・ドゥエック（著）今西康子（訳）草思社、二〇一六年

[第三章]

・『リーンハルトとゲルトルート』

ペスタロッチ（著）田尾一一（訳）玉川大学出版部、一九六四年
（＊絶版により、現在は入手困難）
・『国富論―国の豊かさの本質と原因についての研究（上・下巻）』
アダム・スミス（著）山岡洋一（訳）日本経済新聞出版社、二〇〇七年
・『答えなき時代を生き抜く子どもの育成』
奈須正裕・諸富祥彦、図書文化社、二〇一一年
・『SDGsと開発教育―持続可能な開発目標のための学び』
田中治彦・三宅隆史・湯本浩之（編著）学文社、二〇一六年
・『子どもを学びの主体として育てる―ともに未来を切り拓く教育へ』
守屋淳・澤田稔・上地完治（編著）ぎょうせい、二〇一四年
［第四章］
・『教科の本質から迫るコンピテンシー・ベイスの授業づくり』
奈須正裕・江間史明（編著）図書文化社、二〇一五年
・『野生の思考』
クロード・レヴィ＝ストロース（著）大橋保夫（訳）みすず書房、一九七六年
［第五章］
・『「アクティブ・ラーニング」を考える』
教育課程研究会（編著）東洋館出版社、二〇一六年

・『「数学的に考える力」を育てる授業づくり』
清水美憲（監修）齊藤一弥（編著）東洋館出版社、二〇一五年
・『筑波発　読みの系統指導で読む力を育てる』
筑波大学附属小学校国語教育研究部（編）東洋館出版社、二〇一六年
・『国語授業ＵＤのつくり方・見方』
桂聖・奈須正裕、学事出版、二〇一六年
・『教育の過程』
Ｊ・Ｓ・ブルーナー（著）鈴木祥蔵・佐藤三郎（訳）岩波書店、一九六三年
岩波オンデマンドブックス、二〇一四年

＊現在、簡単に入手可能なものに限っている。

あとがき

「資質・能力」「知識基盤社会」「社会に開かれた教育課程」「各教科等の特質に応じた『見方・考え方』」「主体的・対話的で深い学び」という五つの鍵概念を手がかりに、新学習指導要領を貫く考え方と、それを底支えする「学び」や「知識」に関する科学的知見、さらにそれらに立脚した今後における教育課程編成と授業づくりの実際についてお話ししてきました。

今回の改訂では、学力論の基盤が内容中心から資質・能力中心へと大きく変化しました。したがって、小学校の外国語やプログラミングなど、新たに導入された内容もありますが、これらについても個々別々に内容がどうなったかに注目するだけでなく、教科等横断的な視点から、それらを通してどのような資質・能力を育成するかと発想したいものです。

たとえば、今後、小学校では日本語、英語、プログラミング言語という三つの言語を用いたコミュニケーションを学ぶと考えてはどうでしょう。多くの子供にとって母語である日本語を用い、文化的背景が似た人たちと経験や感情、意見の交歓をする場合と、外国語である英語を足場に、文化的背景が異なる人たちと意思疎通を図ろうとする場合、さらに日本語や英語のような自然言語ではなく、人工言語であるプログラミング言語を使ってコンピュータやロボットに指示・命令を出す場合とでは、そこで展開されるコミュニケーションの様相や注意を要する点、趣やよさ、生じる経験などはすっかり異なってくるはずです。

この三つの違いをしっかりと感得し、さらに比較・統合できるよう教育課程を工夫することで、子供たちはコミュニケーションという営みとそれを媒介する言語という文化財に関する、多くの豊かな学びを実現していきます。そこから翻って、日本語ならではの以心伝心のよさに改めて感じ入り、いかにも英語的な言い回しや独自な発想の面白さに目を見張り、機械とのコミュニケーションに固有な、曖昧さが皆無であるという特質に気付くのです。

このように、英語やプログラミングといった新たな指導内容についても、教科等横断的な視点を持ち、教育課程全体で子供たちにどのような資質・能力をトータルで育むかと発想することが、今後の教育課程編成、授業づくりでは重要なポイントになってきます。

「何を学ぶか」だけでなく、それを通して「何ができるようになるか」、またそのために「どのように学ぶか」という思考の巡らせ方をすることに、一日も早く慣れていただきたい。

それが、新学習指導要領を自律的・創造的に読み解き、自在に活用する上で最も大切なことではないかと、考えている次第です。

奈須正裕

MASAHIRO NASU

上智大学総合人間科学部教育学科教授

東京大学大学院教育学研究科博士課程教育心理学専攻を単位取得退学、博士（教育学）。神奈川大学助教授、国立教育研究所教育方法研究室長、立教大学教授などを経て平成一七年より現職。新学習指導要領に関わっては、中央教育審議会初等中等教育分科会教育課程部会、教育課程企画特別部会、総則・評価特別部会、幼児教育部会、中学校部会、生活・総合的な学習の時間ワーキンググループ、小学校におけるカリキュラム・マネジメントの在り方に関する検討会議、小学校段階における論理的思考力や創造性、問題解決能力等の育成とプログラミング教育に関する有識者会議、二〇二〇年代に向けた教育の情報化に関する懇談会等の委員として、重要な役割を担う。主な著書に、『教科の本質から迫るコンピテンシー・ベイスの授業づくり』（編著、図書文化社）『子どもと創る授業―学びを見とる目、深める技―』（ぎょうせい）など。

「資質・能力」と学びのメカニズム

二〇一七（平成二十九）年五月三十日　初版第一刷発行
二〇一七（平成二十九）年九月一日　初版第四刷発行

[著　者]　奈須正裕
[発行者]　錦織圭之介
[発行所]　株式会社　東洋館出版社
〒一一三－〇〇二一　東京都文京区本駒込五丁目十六番七号
営業部　TEL：〇三－三八二三－九二〇六
　　　　FAX：〇三－三八二三－九二〇八
編集部　TEL：〇三－三八二三－九二〇七
　　　　FAX：〇三－三八二三－九二〇九
振　替　〇〇一八〇－七－九六八二三
URL　http://www.toyokan.co.jp

[装　幀]　角知洋（sakana studio）
[本文デザイン]　吉野綾（藤原印刷株式会社）
[印刷・製本]　藤原印刷株式会社

ISBN978-4-491-03363-1　Printed in Japan